■ 浙江科技大学 2024年度浙江省政务新媒体研究院专项资助

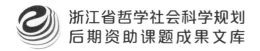
浙江省哲学社会科学规划
后期资助课题成果文库

基于近代域外资料的
南京官话及其教学研究

葛 松 著

ZHEJIANG UNIVERSITY PRESS
浙江大学出版社
·杭州·

"博雅书丛"出版说明

"博雅"者,孔氏《尚书序》云:"若好古博雅君子,与我同志,亦所不隐也。"隋代王通《中说》曰:"薛宏请见《六经》,子不出。门人惑。子笑曰:'有好古博雅君子,则所不隐。'"《后汉书·杜林传》亦云:"博雅多通,称为任职相。"盖即广博学问、志怀雅正意。爰及今世,当可通解为人才培养中着重于学识广博、气度优雅、人格健康,以达到全面发展的目标。西方也有"博雅教育"(Liberal Education)之名。

2023年2月7日,习近平总书记在学习贯彻党的二十大精神研讨班开班式上发表重要讲话,指出:"中国式现代化,深深植根于中华优秀传统文化,体现科学社会主义的先进本质,借鉴吸收一切人类优秀文明成果,代表人类文明进步的发展方向,展现了不同于西方现代化模式的新图景,是一种全新的人类文明形态。"[①]我们认为,"博雅"也正是"全新的人类文明形态"的一种生动体现。

浙江科技大学人文学院自2006年创立以来,虽尚年轻,但学院上下秉承"博雅、融和、开明、创新"之院训;中西学子,树博雅交流之志向;文教同人,怀博雅淹通之旨趣。十数年来,矻矻耕耘,欣欣向荣。

我们即以"博雅"为名,将我院同人曩时所思、平日所学之成绩,精择优选,结集出版。选题上,举凡论述、考证、资料、教学诸类,不一而足。日后新作,仍将递相增益。

---

① 《习近平在学习贯彻党的二十大精神研讨班开班式上发表重要讲话强调 正确理解和大力推进中国式现代化》,《人民日报》,2023-02-08(01),http://data. people. com. cn/rmrb/20230208/1。

我们的期待，一则奋发群志，激励后进，以"博雅"为追求的方向，集思广益，精益求精；二则也不揣谫陋，借此向学界汇报，诚望方家学者教正之。

本丛书的出版受益于学校振兴人文社会科学之行动，以及浙江省政务新媒体研究院、省一流汉语言文学专业、浙江科技大学国际中文教育高峰学科和中国语言文学重点学科建设项目等的出版支持。

浙江科技大学人文学院

"博雅书丛"编委会

2024 年 1 月

目 录

绪　论

一、提出问题

作为明清时期汉语的基础方言,南京官话在很长的历史时期中使用人数多、流传地域广,有着极为重要的地位。即使在 1850 年前后,通语由南京官话改为北京官话,当时汉语教科书的教授对象也由南京官话改为北京官话之后,南京官话也没有就此消失,而是仍在南方通行,由此南北官话并存便成了晚清语言生活的重要特征之一。因而对南京官话进行研究具有十分重要的价值和意义。

南北官话并存的局面在民国时期演变为南北官话的混合,南北两种官话合并为一种共同语,即国语。作为国语的继承者,普通话无论是在词汇上还是在语法上,大都能从南京官话或是北京官话中找到源头。普通话的同义词和同义句式之所以比一般方言多,正是因为普通话是由北京官话和南京官话的词汇、语法混合后形成的。北京官话和南京官话中不同的词汇、语法形式并存于普通话中,使普通话形成了丰富的同义词和同义句法形式。可以说,南京官话也是普通话的基础的重要组成部分。因此,想要更加深入地研究现代汉语普通话的词汇、语法,不仅要研究北京官话的词汇、语法,还需要梳理南京官话的成分。

故而无论是从南京官话个体研究角度还是从现代汉语普通话研究角度来看,对南京官话进行更加全面系统的研究都是必要且重要的。目前,汉语学界对南京官话的相关研究并不是很丰富,还没有形成完整的体系。

二、先行研究

目前我们能找到的"官话"一词的最早书证出现于明代,本土文献中的相关记录多数是指通行较广的"普通话"。当时,一些来华传教士为了方便传教，都要先学习中文，此时"官话"这种通行的话语便成了他们的首选。因此，除中国传统古籍外，传教士们的一些信件里也会提及"官话"一词。如《利玛窦全集·书信集》里记载的罗明坚致总会长阿桂委瓦神父书中就提到："在中国的许多方言中，有一种称为官话，是为行政及法院用的，很容易学；无论哪一省的人，只要常听就会；所以连妓女及一般妇女，都能与外省人交谈。"

关于明清时期官话的性质，学界的看法并不一致。王力（1980）、林焘（2000）等认为北京话就是这一时期共同语的基础，并且认为明清时期的官话不存在南北两系；而鲁国尧（1985、2007）、曾晓渝（1991）、张卫东（1998）等认为南京方言是明代官话的基础方言。张卫东指出，官话分为南、北两系，南京官话在明末仍是通行全国的官话，仍以江淮官话为基础方言，以南京音为标准音。到了1850年前后，北京官话才取代了南京官话的地位。

我们比较认同后者的看法，也即在明朝以及清朝的前中期，考虑到当时经济、政治、文化中心所处的位置，以及历史传承等因素，南京官话应当是作为共同语在使用的，或者说南京官话在当时是一种影响力和普及度都比较广泛的语言，因此它也就占有较为重要的地位，值得我们进一步研究。

在早期，很少见到关于南京官话的专门性研究，主要是一些描述记录，为我们保留了当时南京方言的基础面貌，具有资料价值。

明代关于南京官话的本土资料多是在描述官话的韵书中，如李登、李世泽父子编写的正音韵书《书文音义便考私编》（1585）及《韵法横图》（1586—1612），由于二人出身上元（今南京江宁），剔除其中的存古部分，书中实际记载的就是当时南京方言的语音系统。到了清代，还有胡垣的《古今中外音韵通例》（1888）、马鹤鸣的《正音新纂》（1902）、劳乃宣的《增订合声简字谱》（1905）等记录南京方言的韵书。

明清时期，除了本土的韵书和方言小说外，传教士或外籍学者所撰写的汉语语法书、教科书、词典及翻译作品等书中也有较多的对南京官话的记录。最早运用现代语言学理论对南京官话进行系统研究的可能是奥地利人屈耐特（Kühnert）。据孙华先（2002）的介绍，屈耐特一共写了3本关于南京方言的著作，其中最早的一本出版于1893年，比较重要的是1898年出版于维也纳的 *Syllabar des Nanking-Dialectes oder Der correcten*

Aussprache（正音）*sammt Vocabular zum Studium der Hochchinesischen Umgangssprache*（《南京字汇》），他通过自己创造的一套标音符号，记录了南京官话的语音系统。之后有德国人赫美龄（Hemeling）写的 *The Nanking Kuan Hua*（《南京官话》），于 1902 年在上海出版，记录了当时南京官话的语音系统，是研究南京官话的重要文献。高本汉的《中国音韵研究》（法文原版在 1915—1926 年分四次出版，中文译本于 1940 年出版）第四部分《方言字汇》中记录了 20 多种汉语方言，其中也包括南京方言。他在对汉语方言做历史性的研究时，也论及了南京方言声韵的一些特点，记录了不少南京话的字音。另外还有艾约瑟（Joseph Edkins）的《汉语官话口语语法》（*A Grammar of the Chinese Colloquial Language Commonly Called Mandarin*）、鲍康宁（Frederick William Baller）的《英华合璧》（*A Mandarin Primer*）、狄考文（Calvin Wilson Mateer）的《官话类编》（*A Course of Mandarin Lessons*）、麦都思（Walter Henry Medhurst）的汉译《圣经》等，也都对当时的南京话有所记录。

除了以上这些历史资料，现代也有一些关于南京官话以及南京方言的研究成果。

我国学者中首先运用现代语言学理论和方法来调查研究南京方言的应当是赵元任。在他所撰《南京音系》（1929）一文中记录了他在南京时所做的方言调查的成果，记音采用严式音标，整理了南京方言的语音系统及声韵配合关系，深入细致地描写了当时的南京方言，是研究南京官话语音系统的重要参考资料。

另外还有一些涉及南京方言的综论性质的方言志和词典。如江苏省上海市方言调查指导组编纂的《江苏省和上海市方言概况》（1960）。该书详细描写了江苏方言的语音特点，并首次对江苏方言进行了分区，绘制了42 幅江苏方言地图。江苏境内的江淮官话被分成了两片，南京、扬州等地为一片，泰州、如东等地为另一片。书中详细描写了南京方言的音系，归纳出南京方言的语音特点，列出了南京方言的声韵配合关系，是考察当时南京方言语音系统的重要资料。鲍明炜主编的《江苏省志·方言志》（1998）则记录了当时南京方言的语音系统，归纳了数十年来南京方言的发展变化，包括南京方言音节表、南京方言的音变现象和内部差异。费嘉、孙力编著的《南京方言志》(1993)根据南京方言语音的年龄差异,将南京方言分为新派和老派,该书记录的语音以老派南京方言为主,为研究南京方言语音的变迁提供了基础。刘丹青的《南京方言词典》(1995)全面、详细地记录和解释了南京方言词汇,书中说明了南京方言的内部差异,尤其是年龄差异,通过与江淮官话中的其他方言对比,指出它们的共性以及南京方言的一些独有特点。刘丹青还有另一部《南京话音档》(1997),不仅详细描写了老派南京话的音系,还探讨了江淮官话的形成过程,该书有配套的音档,作者邀请了一位 87 岁的南京本地人作为发音人,记录了"活的"南京方言。

专门描写南京方言语音特点的研究成果比较丰富。如郝凝、金鉴、金正谦的《南京方言概述》(1986),周世箴的《南京方言中照二化精现象》(1995),鲍明炜的《南京方言的特点》(1995),孙华先的《南京方言的轻声与入声》(2001)和《南京方言声调的若干问题》(2003),黄进的《南京方言儿化合音的演化与语法意义的磨损》(2003),柏莹的《南京方言中的亲密高调》(2006)和《轻声性质探赜——以南京方言轻声为例》(2008),马秋武的《南京方言三字组连续变调的实验调查与分析》(2014),顾黔的《南京方言宕江两摄入声韵的共时变异及历时演变研究》(2015),石秀娟、梁磊的《南京话响音的鼻化度——兼论/n、l/不分的实质》(2017),柯蔚南、余柯君的《南京话中的一种晚起的舌尖后元音》(2020)等,从声韵调及语音特点等各个方面对南京方言进行了分析。

相较于语音研究,关于南京方言词汇和语法方面的研究成果较少,相关论文有蒋明的《南京话里的"A 里 AB"》(1957),蒋平、郎大地的《南京话形容词重叠的声调与重音》(2004),刘春卉的《南京方言中的"V 不起来"与"啊/还 VP"——兼论语法同中有异对学习普通话的影响》(2005),刘顺、潘文的《南京方言的 VVR 动补结构》(2008)等。

还有一些针对南京方言演变的研究。如鲍明炜的《六十年来南京方音向普通话靠拢情况的考察》(1980)、《南京方言历史演变初探》(1986)和《六朝金陵吴语辨》(1988),这一系列文章是最早对南京方言的历时演变做出探讨的论述。之后有费嘉的《从现代南京方音的演变看普通话对方音影响的局限性》(1991),卢海鸣的《六朝时期南京方言的演变》(1991),卢偓的《南京语音向普通话语音过渡的理论依据及阶段特征》(2000),鲁国尧的

《客、赣、通泰方言源于南朝通语说》(1994)和《通泰方言是北方方言的"后裔"而具有吴方言的底层》(2003)。美国学者柯蔚南（W. South Coblin）也有一些关于南京方音演变的论文：Palatalization of Velars in the Nanking Dialect(1997)、Contact，Drift，and Convergence in Nanking Guanhua(1999)、Late Apicalization in Nankingese(2000)。

除了对南京话进行单一的研究，还有将它与北京官话或其他方言进行对比的研究。如陈瑶的《官话方言方位词比较研究》(2001)，王琳的《琉球官话课本的能性范畴——兼论南北能性范畴的表达差异》(2014)，翟赟的《从起点介词看南北官话的对立》(2014)、《从南北官话的历史层次看副词"满"》(2016)以及他的论著《晚清民国时期南北官话语法差异研究》(2018)，张美兰的《反复问句结构的历时演变与南北类型关联制约——以〈官话指南〉及其沪语粤语改写本为例》(2018)、《施受关系之表达与南北类型特征制约——以〈官话指南〉及其沪语粤语译本为例》(2018)等。

另外还有一些学者早早注意到了明清时期来华传教士、汉学家们的南京官话作品的语料价值，以这些资料为对象进行了南京官话的研究。如黄典诚的《一百年前汉语官音初探》(1987)、邓兴锋的《〈南京官话〉所记南京音系音值研究：兼论方言史对汉语史研究的价值》(1994)，孙华先的《〈南京字汇〉音系研究》(2002)，李婧超的《狄考文〈官话类编〉语音研究》(2014)，刘立壹、刘振前的《〈圣经〉"南京官话译本"考论》(2017)，王卉的《清末官话教材〈官话类编〉的词汇特点及其汉语史价值》(2019)，刘涵的《晚清来华传教士汉语教材中的特殊句式研究》(2019)等。国外学者也有不少相关研究成果，如日下恒夫的《清代南京官话方言の一斑——泊園文庫蔵『官官話指南』の書き入れ》(1973)，内田庆市的相关论文：《「華語拼字妙法」の音系.「南京官音」の一資料》(1991)，《「漢訳聖書」の可能性》(1993)，《近代西洋人的汉语研究的定位和可能性——以"官话"研究为中心》(2007)，《近代西洋人学的汉语——他们的汉语语体观》(2010)，《开创域外汉语研究的新局面》(2012)，《『無師初學英文字』——清末南北官音差異の一斑》(2015)等。相关论著有张美兰的《〈官话指南〉汇校与语言研究》(2017)、内田庆市的《南京官話資料集——〈拉丁語南京語詞典〉他二種》(2020)等。但是也可以看出目前关于这类文献的系统性研究成果还不是很丰富，并且还有不少域外南京官话作品没有涉及，这都是我们可以继续努力的方向。

相较于南京官话的语言本体研究，目前已成体系的关于近代南京官话教学的研究成果并不多见，多数还是对近代海外汉学传播与教育的整体研究。汉语教学与传播历史的研究，对国际汉语教学的学科建设以及现代汉语学习理念和教学理念等的相关研究都有非常重要的意义。但在过去相当长的一段时期内，很少见到专门的对外汉语教材，有兴趣或需求的外国人通常还是使用一些中国传统的汉语识字教材等来学习中文。我国古代的识字教材以"四书""五经"这些儒家经典及一些专供蒙童集中识字的如《三字经》《千字文》等为主，并没有如现代语文教育般的严格分科。多数情况下，人们识字就是为了读经从而参加科举应试，因此这些本土的教科书其实并不适用于以汉语作为第二语言来进行教学。即便如此，在海外尤其是在汉字文化圈中，如在日本、韩国等国家，这些传统的中国启蒙读物仍然在很长一段时间内发挥了其重要的作用，为中文的传播、国家间的经济文化交流等都作出了巨大贡献。

随着时代的发展，中外交流日渐频繁，编写汉语教材的事业逐渐兴起。无论是在海外，还是在中国本土，各类专门针对外国人的、越来越符合现代教育科学的汉语语言教科书开始如雨后春笋般大量涌现。在编纂意图方面，这些教材可能不尽相同，如有些是站在文化交流角度，想要帮助外国人培养阅读汉语典籍、研究中国传统文化的能力；有些是出于实用目的，想要更好地做好文化宣传抑或政治交流工作等。但无论是哪种，可以说这些教材都殊途同归地让汉语国际教育这一近代新兴学科愈发专业、高效、科学。

近年来，国内外汉语学界也在加强对近代汉语教育史的研究。在汉字文化圈，中国语言文化的教育传统可以说由来已久。从明治时期开始，日本的汉语教育在目标、内容、形式等方面都发生了重大的转变，由此也产生了大量的实用且重要的汉语教科书、工具书，如《亚细亚言语集》《话语跬步》《官话急就篇》《官话指南》《燕京妇语》等。日本著名的汉语教育史专家六角恒广就编纂出版了关于日本中文书籍的相关专著与资料书多达八部四十余卷，如《中国语有关书目》(1968 年出版，1985 年补订再版)按照年代顺序列出了从 1867 年到 1945 年近 80 年间日本的 1437 种汉语教科书、工具书的目录；《中国语教本集成》(1990—1998 年陆续出版)是日本近代 200

多种汉语教科书、工具书的影印本;《中国语教学书志》(1994)详细介绍了日本从明治初年到第二次世界大战结束为止,出现过并产生了重要影响的156种汉语教科书、工具书等,这三套书相互关联、互为补充,呈现了日本近代汉语教育的历史面貌,为人们了解和研究日本近代汉语教育史提供了非常系统、丰富、宝贵的资料。国内学界关于这些日本近代汉语教材的研究成果也比较丰富,有许多相关论文,如江蓝生的《〈燕京妇语〉所反映的清末北京话特色(上、下)》(1994、1995)、陈姗姗的《〈亚细亚言语集〉与十九世纪日本中国语教育》(2005)、王澧华的《日编汉语读本〈官话指南〉的取材与编排》(2006)、张美兰的《明治期间日本汉语教科书中的北京话口语词》(2007)、徐丽的《日本明治时期汉语教科书研究——以〈官话指南〉、〈谈论新篇〉、〈官话急就篇〉为中心》(2014)、赵明的《日本明治时期汉语教材〈官话急就篇〉编写的经验及启示》(2015)等,这些论文从教材语言性质、教学研究等各方面进行了分析。另外还有相关著作,如内田庆市1985年出版的《〈官话指南〉的书志研究》,张美兰2018年出版的《〈官话指南〉汇校与语言研究》等。

除了日本之外,朝鲜半岛在高丽及朝鲜时期就已有了较为成熟的汉语官话教学体系,早期就出现了官话会话教科书《原本老乞大》和《朴通事谚解》,这可以说是朝鲜半岛历史上最为重要的汉语口语书,其内容以教授汉语官话的商务和综合会话为主;中后期还刊行了体例类似的《华音启蒙谚解》和《你呢贵姓》,在内容方面做了进一步的补充。此外还有教化类的官话教科书《训世评话》和《五伦全备谚解》等。国内相关的研究成果也有很多,如岳辉的《朝鲜时期汉语官话教科书体例和内容的嬗变研究》(2011),张卫东的《从谚解〈老乞大〉看北京官话文白异读和京剧"上口字"》(2020),涂海强的《从〈老乞大〉四种版本看元明清方位短语作状语时南北类型差异比较》(2021),汪维辉、邵珠君的《〈老乞大〉〈朴通事〉对汉语教科书编写的启示》(2022)等,从语言性质、语法分析及汉语教学等多个角度对相关文献进行了研究;而著作方面有汪维辉在2021年出版的《朝鲜时代汉语教科书十种》,其中包括了《原本老乞大》《老乞大谚解》《老乞大新释》《重刊老乞大谚解》《朴通事谚解》《朴通事新释谚解》《训世评话》《华音启蒙谚解》《你呢贵姓》《学清》十种,它们是在我国元代到清代的不同时期为高丽人及朝鲜人学习汉语而编写的教科书,给我们留下了一批十分难得的、贴近当时汉语口语的语言资料。

在西方,近代中国语言文化教学虽不如在亚洲开始得早,但是其影响力与重要性也是不容忽视的。关于欧洲汉学的起源,学术界有诸多争论,如"传教士汉学说""蒙古人信息说""古希腊时期说"等。其中,传教士对于汉学的研究与传播可以看作近代欧洲汉学的重要组成部分。雷慕沙(Jean Pierre Abel Rémusat)于 1814 年 12 月 11 日在法国法兰西学院开设了被誉为欧洲汉学第一课的"汉文与鞑靼文、满文语言文学讲座",为作为一种学术和文化的"专业汉学"揭开了序幕,并且广泛影响了其他欧洲国家。各国学者们纷纷效仿,从此开启了西方汉学的一个全新时代。

在西方,目前关于近代汉语教育史的研究成果也越来越多,并且已经逐渐从零星、单一的材料挖掘过渡到了系统性、专题性的研究阶段。如著名的法国汉语学家白乐桑对法国的汉语教育就有详尽的系列研究,陆续发表了《法国汉语教学的历史沿革与现状》(2005)、《法国汉语教育的起源与发展》(2018)、《从法国汉语教育史看中国文化影响力的生成》(2019)等论文,通过梳理法国汉语教育历史等问题,提出了法国汉语教育领跑西方的观点。他指出这是由于法国在近代汉语教育方面拥有多个第一,包括在 19 世纪上半叶就设立第一个汉语教授席位、设置第一个中文系、成立第一所设立汉语科目的中学等。另外,相关著作也影响颇大,如马若瑟(Joseph de Prémare)的《中国语言札记》注重汉语的内在规律,避免以西洋语法的研究理路去研究汉语,思路严谨,能够比较科学地认识汉语。除此之外,沈福宗(1657—1692)、黄嘉略(1679—1716)等在法中国人也做了大量推广中国文化、语言等的工作,直接影响了汉语在近代欧洲尤其是在法国的传播与发展。

除了法国之外,还有许多其他欧洲国家也有历史悠久、影响深远的汉学传统,相关研究也有不少。如作为"大航海"时代开启者的西班牙,其汉学研究发轫于 16 世纪中叶,是西班牙向中国传播天主教,推行殖民扩张政策的产物。由耶稣会士方济各·沙勿略(Francis Xavier)始创、倡导并推行的以文化调和主义为主要内容的"适应"策略,开启了西班牙乃至整个西方汉学研究的序幕。除了对中国传统文化的引介及相关典籍的翻译外,关于汉语学习的著作也有不少,如著名的汉学家瓦罗(Francisco Varo)编写了《华语官话语法》《西班牙语与汉语官话双解语法》《通俗汉语官话词典》等,其中《华语官话语法》是西方最早的系统研究中国语法结构和规律的专著之一。在 2003 年,姚小平、马又清翻译出版了《华语官话语法》,为相关研究打下了坚实基础,关于该书的相关研究成果有姚小平的《现存最早的汉语语法著作——瓦罗著〈华语官话语法〉简介》(2001),张美兰的《〈华语官话语法〉中语法问题分析》(2004),林璋的《〈华语官话语法〉与 17 世纪的南京话》(2004),曹保平、杨金彩的《〈华语官话语法〉与〈唐话纂要〉的社交用语比较》(2013)等,从该书的语法、语言体系以及具体语用等问题多角度地进行了介绍与分析。

　　英国著名的汉学家马礼逊(Robert Morrison)也对近代汉语教学作出了重要贡献。他是英国基督教新教传教士,受伦敦传教会(London Missionary Society)指派成为第一位来华的新教传教士。据他动身前伦敦传教会所定的目标,除了本职工作以外,掌握中国的语言也是他入华的重要任务。在经历了刻苦的汉语学习之后,马礼逊编著了多部重要的汉语相关书籍,如第一部汉英字典《华英字典》,汉语教材《通用汉言之法》《中文会话及凡例》,《圣经》中文译本等。另外,他还组织筹办了英华书院,以培养传教人员为宗旨,西方人和华人子弟兼收,同时重视英语和中文教学,对当时的中外关系及中外文化交流等都有重要影响。关于马礼逊及他的论著的相关研究成果颇多,论文有何群雄、阮星、郑梦娟的《19 世纪基督新教传教士的汉语语法学研究——以马礼逊、马士曼为例》(2008),栾慧的《马礼逊〈通用汉言之法〉口语教学语法体系与对外汉语教学》(2016),李丽的《马礼逊〈华英字典〉及其对中华文化的解读与呈现》(2018),孙文龙、魏向清的《汉语国际教育中汉字教学的语境充实——基于〈华英字典〉设计特征研究的思考》(2021),李璐茜的《基督教词汇的本土化及背后的策略考虑——以马礼逊〈英华字典〉为切入点》(2021)等,从汉语教学口语、词汇、语法、语用等各个方面进行了较为全面的分析研究;另外还有相关著作,如张西平 2008 年出版的《马礼逊研究文献索引》,可以看作研究马礼逊生平事迹与汉学成就的重要资料,谭树林 2021 年出版了《英华书院研究(1818—1873)》,对这所来华基督教新教传教士所创办的教会学校进行了系统研究,揭示了其在中国教会学校史、中国基督教史、西方汉学史乃至中西文化交流史上的重要地位。

欧洲之外的西方,近代汉语教育也在不断发展与进步。如美国最早来华的新教传教士之一卫三畏(Samuel Wells Williams),可以说是美国早期汉学研究的先驱,著有《拾级大成》《英华韵府历阶》《汉英韵府》《中国总论》等,在汉语音韵、中文教学、中国历史政治经济文化等诸多研究领域都有重要成果。关于他的研究成果也有一些,如江莉、王澧华的《〈拾级大成〉:美国人在中国编印的第一本汉语教材》(2010),程美宝的《粤词官音——卫三畏〈英华韵府历阶〉的过渡性质》(2010),山口要的《从卫三畏〈汉英韵府〉看19世纪的官话音系》(2014)等,从语音及汉语教学等方面进行了研究。

除了针对具体作者或书目的研究,还有一些综述性质的著作。如张西平2003年出版的《西方人早期汉语学习史调查》、2009年出版的《世界汉语教育史》,张美兰2011年出版的《明清域外官话文献语言研究》,张西平、李真2022年出版的《西方早期汉语研究文献目录》等,都为我们进一步探索近代汉语史、汉语传播史、国际汉语教学史打下了良好的基础。

总之,目前已经有越来越多的学者关注近代汉语教科书的研究。我们认为这是具有多重意义的。在文化史实方面,这些研究探索、记录了早期国内外汉语国际教育的历史,体现出汉语在对外交流中的重要意义;在语言研究方面,这可以帮助我们从另一个角度去正确认识汉语规律及汉语包括共同语、方言等的发展历史;在实用学科方面,这对我们进行汉语教育史考察、研究对外汉语教学相关问题及进一步推动比较语言学研究等都具有十分重要的意义。但是也要看到,目前关于近代南京官话特定汉语教材的教学方面的研究还未成系统,这也是我们要在未来努力的方向。

总体来说,有不少历史性资料对明清时期的南京官话或南京方言进行了较为翔实的记录,这些资料包括本土韵书、小说及域外字典、教科书、翻译作品等,种类丰富,特别是其中的域外资料,开发较少,有较高的利用价值。对南京官话的研究,语音方面的成果较多,词汇、语法等方面还未形成完整的研究体系;对近代汉语教育史的研究,也已经有了丰富的成果,但专门以南京官话为教学目的语的相关研究仍比较单薄。此外,虽然已经有越来越多的学者开始使用更为多样的语料来进行南京官话的研究,但是仍有大量相关域外资料值得发掘并加以利用。

三、研究方法

（1）语言事实的描述、分析与统计。本书采用定量统计和定性分析相结合的方式，在穷尽调查若干部记录南京官话的近代域外作品的基础上，对其中的词汇语法系统进行描述、归纳和分析，并据此展现这些域外资料所记录的南京官话的基础面貌及教学情况。

（2）不同语料的对比。将同时期或相近时期的本土材料作为参照语料进行研究，以探究当时南京官话的语言特点，以及不同作者所记录的当时当地的实际使用中的南京官话词汇、语法特点。

（3）事实描述和理论探索相结合。本书不仅描述当时南京官话的基础面貌，而且还运用了历史句法学、认知语言学、语言类型学和接触语言学等相关现代语言学理论、方法，对其中一些具有特色的语法现象作合理的分析说明。我们期望利用更为丰富的资料，从更多维的视角对域外资料中所记录的近代南京官话进行更加系统科学的研究。

四、研究意义与创新

目前南京官话的相关研究受到学界越来越多的关注，相关论文、专著及国家课题项目成果都日渐丰富。研究主题主要涉及以下几个方面：（1）从汉语方言史的角度历时研究南京官话的形成与发展，并进一步与现代官话方言连接起来进行动态、系统的研究；（2）将南京官话与同时期其他汉语方言变体进行比较研究，其中以南北官话的比较为主，其他还有如与中原官话、云南官话、贵州安顺屯堡话、海南崖城军话等进行对比的研究；（3）对南京官话中的能性表达、动补结构等一系列特征性较强的结构进行分析研究；（4）利用域外资料，进行多角度的南京官话研究。前三个方面的研究多利用本土资料，第四个方面的研究则突破了这一资料限制。

本书将继续推进和拓展这一研究取向，不局限于单一的本土文献资料，而利用若干明清时期的南京官话域外资料，描述其中所记录的语言基础面貌，总结近代南京官话的特征性词汇、语法，引入语言类型学与接触语言学等多种现代语言学理论进行系统研究，为近代域外作品中南京官话研究的理论创新与实践作出贡献,并且展现近代汉语国际教育教科书、教学法等的使用情况,为相关应用型学科研究打好基础。

本书也有若干学术创新。

在语料选择方面,我们以近代域外资料中的南京官话作品为研究对象。本书选取和介绍了一些目前汉语学界较少使用的明清时期的南京官话域外资料,并对其中记录的南京官话的词汇、语法进行详尽统计,描述其语言的基础面貌,总结特点,提出这一时期南京官话的特征性词汇、语法,鉴定相关语料性质等。

近代来华的商人、学者、官员或者耶稣会士们,为了更有效地推进其在中国的经济、文化、政治、传教等工作,大都会把学好汉语作为首要任务。用汉语出版教学或宗教性书籍,编撰、翻译作品及其他一些介绍西方概况的书籍等,都需要他们尽快地掌握汉语。所以他们一踏上中国的土地就开始筹划编纂汉外辞典、教科书等,并为此做出了不懈努力。这些域外资料在当时的文书传教、汉语教学、文化交流等领域都起到了不容忽视的重要作用,而在今天,它们则可以承担起另一种功能——用于研究当时的汉语语言情况。

在研究方法方面,本书引入了语言类型学与接触语言学等现代语言学理论,利用更为丰富的资料,从更多维的视角对南京官话进行更加系统科学的研究。

在学术价值方面,除了相关理论价值,本书还具有一定的实际应用价值。我们不仅对汉语方言词汇语法的相关理论进行了研究,还利用域外语料对近代汉语国际教学的教学策略、教材编排、教学法运用等问题进行了研究,为当代汉语国际教育的研究与发展提供了借鉴。

第一章　研究对象及语料说明

在本章中,我们将对本书涉及的几个基础概念加以说明,包括官话、南京官话等,并阐明南京官话与南京方言之间的关系及南京官话作为明清时期基础方言的重要地位。另外我们还将对本书所选用的研究语料进行一个简单的列举。

第一节　南京官话与南京方言

一、"官话"的定义

张玉来(2007)指出,目前确凿所知的"官话"一词的最早出现时间是1483 年。据《朝鲜实录·成宗实录》十四年(1483)记载,明廷的使者与朝鲜官员在对话中提及了"官话"。

我们能找到的最早的本土书证也是自明代开始的,大部分指通行较广的"普通话"。例如:

[1]〔外〕请坐。年兄,福建好地方。〔净〕年兄,你可省得他说话。〔外〕我从在那里,不曾听得这话,年兄学与我听一听。〔净〕我学生头一年在那里,半句也不省,后来就省得了。一日在船上,只见岸上一簇人在那里啼哭,我问那门子,那些人为何啼哭。那门子说:没有了个脸。我说,打官话说来。他说道:没有了个儿子,在那里啼哭。我方才晓得脸是儿子。(明·朱权《荆钗记》第四十八出"团圆")

[2]见了孔相公,便打扬州官话。新姨骂道:"没廉耻,你倒养汉,反把我的名头污了。"(明·西湖渔隐主人《续欢喜冤家》第十

七回"孔良宗负义薄东翁")

[3]或诵佛经,或歌诗赋,多是中土**官话**。(明·凌濛初《二刻拍案惊奇》卷三十七"叠居奇程客得助 三救厄海神显灵")

一些当时的来华学者、传教士为了传教方便,来到中国之后都要先学习中文,此时"官话"这种较为通行的话语便成了许多人的首选。因此,除了在中国传统文献中被提及外,"官话"在传教士们的一些信件中也有被提及。例如:

[4]在中国的许多方言中,有一种称为**官话**,是为行政及法院用的,很容易学;无论哪一省的人,只要常听就会;所以连妓女及一般妇女,都能与外省人交谈。(《利玛窦全集·书信集》罗明坚致总会长阿桂委瓦神父书)

在少数例证中,"官话"一词是指"官腔"。例如:

[5]那城中虽有几个浮浪子弟、帮闲的嫖头,总是粗俗不堪之人,不是妆乔打**官话**的军官,就是扯文谈说趣话的酸子,甚是可厌。(明·佚名《明珠缘》第四十五回"觅佳丽边帅献姬 庆生辰干儿争宠")

到了清代,"官话"一词的使用频率逐渐增高,并且其指代共同语及官腔的两种用法皆保留了下来。例如:

[6]三桥尝言人之言语清浊,本乎水土,南北所以不同。每见南人迁就北人,学打**官话**,未见北人迁就南人,学说苏白,吾窃惑之。(清·王应奎《柳南续笔》卷三)

[7]思中丞向来见了属员是没多话说的,除掉今日天气晴,昨天天气冷,这两句印板**官话**之外,再没别的。(清·白眼《后官场现形记》第六回"借手谈明修栈道 品鼻烟暗度陈仓")

到现代,这两种语义用法也基本未有改变。例如:

[8]又有云:看《红楼梦》,有不可缺者二,就二者之中,通<u>官话</u>京腔尚易,语文献典故尤难。(黄濬《花随人圣庵摭忆》)

[9]原来蒋介石派翁文灏去调查的时候,不知道投机操纵者是谁,所以大打<u>官话</u>,派翁去的同时,又派戴笠去密查。(翊勋《蒋党内幕》)

1955 年,中国科学院召开现代汉语规范问题学术会议,与会代表一致同意以北京音为标准音,决议用"普通话"来称呼汉语标准语。自此,"官话"的使用频率急速下降。

20 世纪 80 年代前后,随着《方言》等杂志的创办以及《中国语言地图集》等重要书籍的出版,相关研究进一步规范化,汉语方言学界逐渐开始统一使用"官话"称呼,该词语的使用频率又开始增高,出现在"东北官话""西南官话"等专业术语之中。但需要注意的是,这里的"官话"是被用来在汉语方言学中指代方言区的名称,同我们所讨论的"南京官话"中的"官话"并不是同一个概念。

总之,从目前的资料来看,"官话"一词并非起源于中国。在"官话"一词出现之前,多使用"正音"与"土音"相对。[①] 明清时期,"官话"的本土用例逐渐增多,主要包括两种含义:一是泛指较为通行的共同语;二是指官场中的场面话,类似于"官腔"。到了现代,随着汉语使用的逐渐规范化,"官话"原先的这两个义项已基本不用,而主要被用于表述汉语的某些方言区。

二、南京官话与蓝青官话、地方普通话、南京方言

我们首先需要确认的一点是,我们所说的南京官话,既不是指所谓的"蓝青官话"或"地方普通话",也不完全等同于南京方言。我们认为"南京

---

① 　参照石崎博志(2014):"正音"与"官话"在中国人的意识中还是有雅/俗、读书音/口语音、抽象/具体以及理想主义/现实主义等方面的差异。

官话"应当是指一种包含有南京地方特色的共通语,它同时具有地域性与时代性。

先说"蓝青官话",这是一个专有名词。在《汉语大词典》中有释义:旧称夹杂别地口音的北京话。蓝青,比喻不精纯。鲁迅《华盖集续编·海上通信》中有:"同舱的一个台湾人,他能说厦门话,我不懂;我说的蓝青官话,他不懂。"瞿秋白《论大众文艺·普洛大众文艺的现实问题》中有:"让绅商去维持满洲贵族旗人的十分道地的上等京话做'国语'罢,让他们去讥笑蓝青官话罢。"《现代汉语词典》中将这个词解释为:方言地区的人说的普通话,夹杂着方音,旧时称为蓝青官话(蓝青:比喻不纯粹)。《辞海》中也有相关词条:旧称夹杂别地口音的北京话为"蓝青官话"。蓝青,比喻不纯粹。李如龙(1988)认为这是"在方言与普通话之间存在的一种既不是方言又不是普通话的过渡语"。

与"蓝青官话"含义相类似的是"地方普通话"。陈章太(1990)指出:"地方普通话是方言区的人学习普通话过程中必然产生的语言现象,它既有方言成分,又有普通话成分,但基本摆脱了方言而进入普通话范畴,是普通话的低级形式。"陈亚川(1991)认为:"地方普通话是方言区的人学习非母方言的共同语(即普通话)的过程中产生的中介语现象。"张建强(2005)也总结认为,地方普通话是一定地域(汉语方言区、少数民族地区、海外华人社区等,主要是方言区)的人学习普通话过程中出现的一种中介语。它的实质是普通话,只不过是一种带有地方色彩的不够标准的普通话,是标准普通话的地域变体。也可以说它是学习者特有的一种普通话,它的特定性表现在这种普通话与标准普通话相比较而言还不够标准,还带有地方方言色彩,处在逐渐向标准普通话靠拢的过程之中。它是以标准普通话为学习"摹本"形成的、掺杂了方言成分的普通话,是一种不够标准的普通话。

简单来说,蓝青官话或地方普通话就是一种不规范的、带有地方方言口音的共同语或普通话,这当然不是我们所要研究的南京官话。

再看南京方言的问题。南京市是江苏省的省会,地处长江三角洲,在江苏省的西南部,位于苏皖两省的交界处,东邻江苏省扬州市、镇江市和常州市,西接安徽省滁州市、马鞍山市和宣城市。南京地区在夏商时期属于古扬州域,公元 229 年吴孙权在此建都,取名建业,此后东晋、南朝的宋齐梁陈均建都于此,故有"六朝古都"之称。到了明朝洪武元年(1368),朱元璋在此称帝,八月改名为南京。

由于所处的地理位置,南京在几千年来经历了数次的治乱兴衰,从而造成了数次大的人口聚散,自然又直接影响了本地方言的发展。据史料记载,南京方言在魏晋南北朝时期应当属于吴方言。先是,"永嘉之乱"使北人争相南迁且大多集中居住于以建康为中心的长江南岸,北方方言第一次对南京方言产生冲击。随后,经历了梁"侯景之乱",北宋南迁,明太祖"尽迁其民于云南",南京方言的面貌发生了巨大的变化。此后最晚到明末清初,南京方言已经基本成为北方方言了。

如今,南京方言已归入了北方方言下属的江淮方言区。据 1993 年出版的《南京方言志》:当时南京十区五县的方言大体可以溧水县城(在城镇)为界一分为二。南面属吴方言,包括溧水县的洪蓝乡、渔歌乡、孔镇乡、和凤乡、东芦乡,高淳县等,有浊音,分 n 和 l,有七个声调,入声分阴阳。北部包括溧水县在内的属江淮官话区,没有浊声,不分 n 和 l,有五个声调,入声不分阴阳。南京市区方言有新派、老派之分。新派比较接近普通话,不分尖团,有 an、aŋ 之分。老派主要集中在以中华门为中心的城南地区,主要特点是分尖团,不分 an、aŋ。从地域上看,城南、城北的语言也有差别,城北由于外地人较多,语言变化要快一些。

张玉来(2007)例举了徐渭《闲情偶寄》中的一句话来说明南京话是一种方言:

> 凡唱,最忌乡音。吴人不辨清新侵三韵,松江支朱知,金陵街该、生僧,扬州百卜,常州桌作、中宗,皆先正之而后唱也。

在这句话中,作者将金陵(即南京)话与松江话、扬州话、常州话并列,都称为"乡音",由此可见南京话是一种方言而非标准语。

但这并不是说南京方言只是一种一般的方言,它在明清时期还是有较为特殊的地位的。张竹梅(2007)就提出:"有明一代开国之君朱元璋的故里凤阳位于江淮方言区,朱明王朝的都城南京亦位于江淮方言区;朱明皇族以及淮西、南京人士俱说江淮方言。……由于南京的都城性质、地理位置及其政治影响,南京话有可能成为(或已经成为)明代江淮方言区的代表方言。"

总之,方言是相对普通话来说的。南京方言与南京官话应当看作两个不同的概念,但是彼此关系紧密。南京方言是指南京当地的方言,而南京官话应当是被当作共同语使用的、最早诞生于南京且具有南京地方色彩的官话。麦耘、朱晓农(2012)称其为:"书音的地域分支,是书音在南方的变体,或者说是'地方官话',是一种上层语言。"可以说南京方言与南京官话都起源、发展于南京地区,但是两者是不同的。当我们提到南京官话时,或者是明清时期的来华传教士等说起"南京话"时,通常指的都不是南京方言,而应当是当时的文人或官吏所使用的南系书音或共同语。

第二节 明清时期的南京官话

一、传教士笔下的"官话"与"南京话"

明清时期的来华传教士对当时他们来到中国后所感受到的极为重要的"官话"及"南京话"多有记录。

如马礼逊的《字典》(1815)中提到:

What is called the Mandarin Dialect,or 官话 Kwan hwa,is spoken generally in 江南 Keang-nan, and 河南 Ho-nan Provinces,in both of which,the court once resided;hence the dialects of those places gained the ascendancy over the other provincial dialects,on the common principle of the court dialect becoming,amongst people of education,the standard dialect. (p. x)

(官话方言或官话在江南省和河南省通行,这两个地方曾是政府所在地,所以这些地方的方言比其他的省份方言更有优势,作为朝廷用语的普遍原则,成为读书人使用的标准的语言。)

In a country so extensive as China,… The Chinese are the

literary part of the community, and the system of pronunciation found in books is often theirs. Some uniform system must be adopted; otherwise endless confusion will ensue. The pronunciation in this work, is rather what the Chinese call the Nanking Dialect, than the Peking. (p. XVIII)

（中国地域辽阔，汉族人是这个国家文明的代表，所以书面语的读音是按照他们的语言确立的。必须要采用统一的系统，否则会造成无尽的混乱。这本书的汉语语音，是汉族人所说的南京方言，而不是北京方言。）

The pronunciation intended to be conveyed by the spelling here given of the Chinese words, is what is called by Europeans the Mandarin tongue, or as the Chinese express it, the Kwan-hwa: this is the general pronunciation of the empire; and does not differ materially in any of the provinces, from Peking to Canton … This dialect is also nearer to many of the local and provincial dialects, than they are to each other; so that a native of Fuh-keen Province, although not acquainted with the Mandarin tongue, will more easily understand a person speaking to him in that dialect than one who speaks only the dialect of Canton. (p. 6)

（本书中通过拼写汉语词语所表达的读音，是西方人所称的"官僚语言"，或中国人所称的"官话"，这是帝国的通用语言；它并不是完全不同于从北京到广东的任何省份方言，……相比于各省方言之间的关系，这种方言与任何一种省份方言也更接近；因此一个不懂官话的福建本地人会更容易听懂别人说这种官僚语言，而不是广东方言。）

卫三畏在《英华韵府历阶》(1844)的导言中也写道：

The body of the work is in the general language of the

country, usually, but improperly called the mandarin dialect, as it is exhibited in the syllabic part of Dr. Morrison's Dictionary. (p. ĵ)

（该词典的中文部分是这个国家的通用语，但是马礼逊在《字典》的音节部分不恰当地称之为官话方言。）

By the court dialect is here meant the general language of the empire, as it is defined and arranged in Dr. Morrison's Syllabic Dictionary, where the principles of its arrangement are explained. (p. Ⅷ)

（这里所用的朝廷用语就是指帝国的通用语，马礼逊曾对它有所界定，并解释了相应的原则。）

The pronunciation in this work, is rather what the Chinese called the Nanking Dialect, than the Peking. The Peking Dialect differs from it. (p. XXⅥ)

（这部词典中的汉语读音，中国人更多地称之为南京方言而非北京方言，北京方言和它［指南京方言］并不相同。）

The Court dialect can hardly be called a dialect; it is properly the general language of the country, everywhere spoken by educated men and by officers of government; and from which the various dialects of the empire have been derived. It is from its use by officers of government, and its name, Kwan hwa 官话, that it has come to be generally designated the Mandarin Dialect. (p. 338)

（朝廷用语几乎不能被称作是一种方言，更恰当地应当被称为这个国家的通用语，它被各地的受过教育的人以及政府官员所使用，并且帝国的各种方言也从中派生出来。因为被政府官员使用，所以将它命名为"官话"，一般特指为官话方言。）

在导言中作者便提及了编写这部词典是为了帮助长久以来居住在南方省份的已经学会广东方言或福建方言的外国人能够更容易地学会当时

通用的官话(General Language)。他在字母表中每个字母后面都列出了南京官话、广东方言和福建方言的例字及注音,并参考马礼逊《字典》列出了官话音节表。

威妥玛在《语言自迩集》(1886)中也提到:

This is the kuan hua; properly translated, the oral language of Government. … for the kuan hua is the colloquial medium not only of the official and educated classes, but of nearly four-fifths of the people of the Empire. (p. ⅩⅤ)[①]

(官话是指官府所使用的一种口头形式的语言……并且已不仅仅局限于官方的正式场合或者知识分子阶级,而是有接近全国五分之四的人口都在使用这门语言。)

而在《官话类编》(1900)中,狄考文对官话作的注解是:

Mandarin, or official language as it is called by the Chinese, is in its essential features the language of the people in all the eighteen provinces, except the coast provinces south of the Yang-tsi.(p. ⅩⅢ)

(中国人所谓的官方语言,也即官话,在除长江以南沿海省份以外的十八个省份中被广泛使用。)

其他还有如麦都思在《英华字典》(1847—1848)中有释词:Mandarin 官府 kwan foo,all the civil and military mandarins,文武百官 wan woo pih kwan;a corrupt mandarin,滥官污吏 lank wan woo le;an avaricious do 贪赃官 t'han chang kwan;*the mandarin dialect*,官话 *kwan hwa*;mandarin ducks,鸳鸯 yuen yang;mandarin orange,硃砂橘 choo sha keih。

罗存德在《英华字典》(1866—1869)中写道:Mandarin dialect, *court*

---

① 我们认为为了强调官话的重要性,作者所说的这个数字可能有夸大成分。

dialect, *the language of the greater portion of China*, 官话, *kun wa*, *kwan hwa*, 正音 *ching' yam*, *ching yin*, 正字 *ching tsz*, *thing tsz*。

卢公明在《英华萃林韵府》(1872)中也有记录:Mandarin or officer,官员 kuan yuan,官府 kuan fu,做官人 tso kuan jen;ducks,鸳鸯 yuan yang;the man is a high 人做的官大 jen tso ti kuan ta;soldiers kept the city,官兵守城 kuan ping shou 'cheng;a small 小官 hsiao kuan;*true or real* 真官话 *chen kuan 'hua*。

当然,除了字典与教科书之外,基于来华传教的职责,传教士翻译《圣经》时所选用的语言,当然也少不了如此重要的南京官话。据刘立壹、刘振前(2017),明清之际来华耶稣会传教士翻译《圣经》多采用文言,仅偶见以白话翻译福音书等片段,以作祭礼仪式诵读之用。直到 19 世纪中叶,传教士仍然主要以文言译经,如委办译本,此后译经文体的重心才开始转移,传教士开始尝试以方言、官话乃至罗马字母拼音译写《圣经》,从而大大降低了普通民众了解教义的门槛,使传教更为方便有效。麦都思的《圣经》"南京官话译本"《新约全书》(1856)便是新教传教士以官话译经的第一次尝试。这本书传播范围广泛,首次便印刷了 50000 本,此后不断重印,[①]直到 1884 年一直为大英圣书公会所资助。[②] 作为第一本《圣经》官话译本,该书对后来的官话译本有一定的参考价值,它后来也被列为"官话和合译本"的翻译底本之一,影响深远的官话译经运动也就此展开。

据刘立壹、刘振前(2017),麦都思等人 1851 年在致伦敦传教会总部的信中提及了圣谕白话阐释类著作的价值,认为这一类著作受到中国人的尊重,值得称道。在 1854 年 10 月的信中,他更加明确地表达了这一观点:"看来我们非常需要两种文体(文言和官话)的《圣经》译本以影响这个庞大的帝国。两位皇帝所作的圣谕十六条和《圣谕广训》分别以文言和官话写就,

---

①   D. Mac Gillivray, *A Century of Protestant Missions in China* (1807—1907), *Being the Centenary Conference Historical Volume*, Shanghai: Ameircan Presbyterian Mission Press, 1907:557.

②   Jost Olicer Zetzsche, *The Bible in China: History of the Union Version, or the Culmination of Protestant Missionary Bible Translation in China*, Nettetal: Steyler Verlag, 1999:144.

这两种文体彼此不能互代,皆很必要……朗读起来,官话本则更胜一筹,借此,那些不识字的人就可以听懂理解了。"

　　这本书采用了合作翻译的模式,麦都思和施敦力合力督导,由他们聘用的一位南京本地人把他们1852年译成出版的深文理委办译本的《新约全书》转译为南京官话。作为第一个采用官话转写文言《圣经》的版本,其一个突出的特点就是将原来以单音词为主的文本替换成了复音词,如"裔→后裔""慰→安慰""赏→赏赐"等。其中还使用了偏重口语化的语言,如感叹词"呦""呢""咯"以及带有南京官话色彩的词汇如"晓得"等,甚至时有夹杂地方俚俗土语。

　　据赵晓阳(2013)介绍,南京官话方言《圣经》译本有汉字本和罗马字本两种。全部刊印本共16种,其中15种汉字本,1种罗马字本。1869年内地会在镇江出版的《路加福音》就是罗马字本,它是在内地会创始人戴德生(James Hudson Taylor)的监督下,由内地会女传教士夏安心(Louise Desgraz)翻译,专供内地会使用的《圣经》译本,也是目前所知南京官话方言《圣经》唯一的罗马字本。

　　由此可知,许多在华的西洋人所编写的汉语教科书、汉外字典、以及《圣经》翻译作品等都如实记录了当时他们所听、所学、所说的共同语,都可以看作是研究这一时期南京官话的重要资料。

二、南京官话与明清基础方言

　　关于明清时期官话的基础方言问题,一直以来都是学者们讨论的重点之一。需要首先明确的是,通语必定是有基础方言的,李荣(1985)在讨论现代汉语的通语时就曾说道:"十亿人口的大国,标准语、标准音不用一个活方言——北京话做底子,是不可想象的。"同样的,明清时期的官话也应当有其基础方言。高名凯、石安石(1997)指出:"在同一语言的诸方言中,究竟哪种方言成为基础方言,并不决定于人们的主观爱好,而是决定于某个方言在整个社会中所处的地位。如果一个方言区(或是其中的某处)是全社会的政治、经济或文化的中心(有时它的人口还比较多),那么这个方言在全社会内就最重要、最有影响、最富有代表性,因而它就会成为基础方言。"

关于明清官话的基础方言有几种不同的看法。

有很多学者认为南京话是明清官话的基础方言。远藤光晓（1984）最早在研究朝鲜汉语教科书《翻译老乞大·朴通事》时为"明代官话的基础是江淮方言"提供了佐证，他指出书中谚文注音"右侧音"中有两种入声，以元音不同互补分布，其初应该是一类入声，并由此推测，在明代中国，属于下江官话（即江淮方言）的南京话可能占有标准音的地位。

张卫东（1991）将金尼阁在《西儒耳目资》中记录的音系与现代江淮方言作了比较，认为其中的音系与江淮方言接近。他（1998）还以威妥玛的《语言自迩集》为材料，指出其中提到了"没有人把北京话作为写作对象，而各种表音法都声称描写的是南方官话"，而"南方官话以南京话为代表"，据此来判断直至清代后叶，南京话仍然是官话的标准。

杨福绵（1995）发现了金尼阁在将《利玛窦中国札记》的手稿翻译成拉丁文时，把利玛窦最初用意大利文写的"那个男孩可以教给传教士'地道的中国话'"中的"地道的中国话"改成了"纯粹的南京话"，并由此认为这表明"纯粹的南京话"等同于"地道的中国话"，即标准的中国官话。

鲁国尧（1985）以"《利玛窦中国札记》所记录的太监赠送南京男孩教神父学南京话一事"作为重要线索，认为"南京话在明代占据一个颇为重要的地位，或许即为官话的基础方言"。他（2007）还根据瓦罗在《华语官话语法》中记录清初汉语官话音时强调的"我们的词表完全是根据南京话来编的"这一线索，进一步论证了这一观点，同时将南京话作为官话基础方言的时期从原先的明代改至了明末清初。

当然也有对"南京方言说"持反对意见者，有少部分学者认为洛阳音或者北京音是明清官话的基础方言。如李新魁（1962）就提出，元代的共同语音是洛阳音，并进一步论证（1980），从东周开始，直到明清，洛阳一带的语音，即"中原之音""河洛之音"，就一直是汉语共同语的标准音，而北京音则迟至清中叶以后才逐渐上升为"正音"。麦耘（1991）提出，汉语的通语从中古到近代都分为南北两支，"汉语从很早开始就有了共同语音（或'准共同语音'）性质的'通语'音系，但由于种种原因，在长期内似乎并没有严格意义上的、完全统一的共同语音。汉语通语音系的基础方音照例总是某种北方方音（譬如说洛阳音），这一音系传播到南方，很早就在长江下游地区（有很长时间是以南京为主要支撑点）形成独特的地域性分支。这个地区一向是中国南方的政治、经济、文化中心，这使得在这里形成的通语音系的地域性分支具有相当的独立性，以至于能同通语的基础方音分庭抗礼；当通语的基础方音已经发展，这个地域分支仍保守旧音，从而被文人学者视为正统语音。早在南北朝时已是如此，所以《颜氏家训·音辞篇》对语音'权而量之'，还把金陵摆在洛下的前头。这种情况直到近代后期，便形成本文所说的共同语音分为南北两支"。他认为："明代官话是以'中原雅音'为标准的，而南京话所属的江淮方言有相当距离。倒不如认为当时南京仕宦所使用的语音（不是南京方音）是共同语南支的标准音，是保守的正统读书音。"

王力（1980）则认为，北京作为首都的政治影响决定了北京语音自元代至今六百年来一直是汉语的"正音"。耿振生（2007）认为，近代官话的基础方言就是整个北方话，并没有统一的标准音，全国各地的官话都是不统一的。

我们认为各家争论所涉及的一个原则性问题还是在于要认清南京官话并不直接等同于南京方言。我们认为无论是从历史源流、当时来华传教士的记载还是从地域的经济、文化等优势来看，明代至清前中期，汉语的基础方言不能说是南京方言，但可以说是南京官话。

第三节　文献介绍

我们认为明清时期的来华学者及传教士所编写的词典、教科书、汉语语法书以及汉译《圣经》等材料都可以作为研究当时南京官话的重要资料。

以此为研究语料有多个优势，如在语音方面，来华学者或传教士多采用罗马字母分析、标注字音的形式，这就比中国传统音韵学中的反切法、等韵图等方式更为简明、便捷和易懂。在词汇方面，这些编者或作者作为外国人，多数是来到中国之后才开始学习这门全新的语言，作为成年外语习得者，他们可以更为敏锐地分辨出南京官话与其他方言中读音、用词等方面的一些差异，并加以记录，这就可能为我们留下了宝贵的历史语言资料。在语法方面，许多来华传教士、学者本身就具有较高的语言学素养，他们在学习、使用这门全新语言的过程中，可能会引进一些西方语言学的观念，为我们提供了不同的视角。

本书中,我们就将以若干近代域外南京官话作品为主要语料进行相关研究。列举如下:

(1)*Dictionarium Latino Nankinense. Juxta Materiarum ordinem dispositum*(1857)

(2)兴亚会编辑《新校语言自迩集散语之部》(1880)的学习笔记

(3)*Cursus Litteraturæ Sinicæ:Neo-missionariis Accommodatus*(1879—1882)

(4)A *Mandarin Primer*(《英华合璧》,1891)

(5)《官话类编》(1892)

(6)九江书会版《官话指南》(1893)

(7)泊园文库藏《官话指南》学习笔记(1901)

(8)*The Standard System of Mandarin Romanization*(1904)

(9)*Two Years' Course of Study in the Chinese Language*(《华语拼字妙法》,1913)

(10)《南京华言学堂课本》(1916)

经初步考察,它们都以当时的南京官话为编纂语言,且目前汉语学界对其的介绍与研究都较少。在之后的各个章节中,我们也会对以上各资料作更为详细的背景与内容介绍。

另外,我们还会在分析研究的过程中参考一些其他资料,本土韵书如《正音撮要》(1810)、《正音咀华》(1837)等;现代方言词典及方言志如《江苏省和上海市方言概况》(1960)、《现代汉语方言大词典》(2002)等;部分反映南京官话特征的琉球官话教科书如《白姓官话》(1750)、《学官话》(1797)等。

第二章　近代域外资料中的南京官话词汇研究

特征性词汇往往是分辨出某一语言系统性质的一个比较明显的要素。在本章中,我们将尝试总结一些南京官话的特征性词汇。本书选用了过往南京官话研究中很少使用的域外语料来进行分析,以期能够验证已有的一些关于南京官话词汇特征的总结,并试图找寻一些新的标志性的南京官话词汇。

不同于已经较为成熟的北京官话词汇研究,目前关于南京官话词汇的系统性研究还是相对少见。李丹丹(2013)曾引用香坂顺一总结出的下江官话的一些词汇特点,包括:

(1)结尾词用"子"而不用"儿";

(2)某些构词法和北方话词序相反,如:喜欢—欢喜、热闹—闹热、应该—该应、整齐—齐整、要紧—紧要;

(3)量词用"桩"(事业、案子、买卖)、"乘"(车子、轿)、"张"(椅子)等,用"量词+把"表示概数;

(4)疑问代词用"那个",反身代词用"自家";

(5)范围副词用"统(通)",时间副词用"登时",总括副词用"横竖";

(6)动词后使用"得很/得慌/得紧"表示程度;

(7)用"拿"作介词代替"把",用"把"作动词代替"拿",另外"把"还可以用作给予动词和被动介词;

(8)介词"同""和""跟"混用。

除汉语方言研究方面的意义外,近代南京官话词汇的研究与近代汉语共同语及现代汉语普通话词汇的研究也密切相关。

山田忠司(2011)曾考察《老残游记》的语言性质,他认为这部作品既不是完全由北京话写成,也不是用的地道的南方话,而是南北两种语言混杂的产物。这也可进一步佐证"普通话是以北京官话为底子,吸收了部分南京官话的词汇和语法形式"的观点,由此确立普通话的基本格局。同时,随着时代的不断发展,人们交流的广泛深入,还有少量来自其他各地方言的词汇和语法形式陆续进入普通话。这种观点还可以解释一些现象,如普通话中存在着较多的同义词以及同义语法形式等,这些问题在后文也会有所涉及。

郭锐等(2017)也曾通过利用《儒林外史》《白姓官话》《语言自迩集》《红楼梦》《官话指南》《四世同堂》等多部晚清民国时期作品中的语料,对南京官话词语进入汉语共同语的时间进行了考察。他们认为,南北官话词汇的混合主要发生在两个时期。第一个时期是 1850 年以前,如《红楼梦》《刘公案》《儿女英雄传》,其作者虽然是北京人,作品也都用北京话写成,但是当时的共同语仍然是南京官话,因此作者会不自觉地受到南京官话的影响。第二个时期是民国至当代,这是因为民国时期南京官话的地位上升,对当时的国语造成了很大的影响,并一直留存到当代的普通话中。1850 年至清末,也有南北官话词汇混杂的情况,但主要体现在南方作家的作品中,如《老残游记》《官场现形记》等。

刘曼(2023)以几组汉语常用词的更替为例,进一步证实了普通话词汇既来自北京官话,也来自南京官话。同时,进入普通话的南北官话词汇是具有语体差异的,其中南京官话词汇较多地进入普通话的书面语之中,这在一定程度上填补了北京官话正式体词语的空缺。她提出:"清末南北官话交互的复杂性在汉语常用词的更替中都已有所体现,既有北京官话词语向南传播,战胜南北通用的旧词或南京官话旧词,成为新的通语词;也有南京官话词传至北方,战胜旧的通语词或北京官话旧词,跻身共同语词汇。"由于近代中国社会各方面的剧烈变化,构成共同语基础方言的北京官话、南京官话等的地位都在不断发生变化,这对后期汉语的发展以及现代汉语普通话的形成等都有着重要的影响。

我们认为,自清末至民国,都存在着南京官话词汇以及语法进入共同语的情况,对这段时期内南京官话词汇及南北官话词汇相互渗透的情况进行详尽考察都是有必要且有意义的。总体来说,关于近代南京官话词汇的总结性质的研究成果较少且不够全面。在过去的相关研究中,关于南北官话的差异比较的研究成果较多,如张美兰(2011)、翟赟(2018)等所作的研究。目前的相关研究中，涉及较多的是词汇的历时演变以及共时分布的联系，包括演变进程在南北官话中的差异等。因此，在本章中我们试图运用一些新资料来进行研究。我们将基于所发现的若干南京官话新资料，进一步探讨明清时期南京官话的相关词汇，为之后深入研究南北官话词汇的相互融合及南北官话的差异、二者的地位变化等问题提供先期基础。

本章中我们将首先介绍选用的这几部资料，包括兴亚会《新校语言自迩集散语之部》笔记、泊园文库藏《官话指南》笔记、《南京华言学堂课本》及《华语拼字妙法》，接着再利用它们来对比总结出一些南京官话的惯用特征词汇。

第一节　兴亚会《新校语言自迩集散语之部》及其中的笔记词汇

《新校语言自迩集散语之部》是由兴亚会编写，庆应义塾于 1880 年活字印刷出版的一本中国语会话教科书，其流传下来的一个藏本中记录有当时的授课笔记，笔记中主要体现的是将原书中的北京官话的读音和词汇改写成对应的南京官话的读音和词汇的情况。根据这一藏本，我们可以作出一些具体的关于南北官话词汇的对比分析。

一、《语言自迩集》原版及其流传概况

明清以来，由于政治、经济、文化中心的转移，以北京方言为基础形成的普遍使用的共同语逐渐成形，官话成了海外人士学习汉语的主要目的语。在这种大背景下，基于日本自身在明治维新后竭力向海外扩张，特别是强化向中国发展的政治外交战略，日本人也意识到了学习北京官话的重要性。于是，日本外务省于 1871 年设立了日本第一所专门的汉语学校"汉语学所"，1873 年成立的东京外国语学校也开始教授汉语。还有许多其他的民间汉语教育机构也如雨后春笋般出现，如 1867 年成立的"日清社"、1878 年成立的"振亚社"、1880 年成立的"兴亚会中国语学校"、1890 年成立的"日清贸易研究所"、1898 年成立的"东亚同文会"等。

日本明治时期的汉语教育主要服务于本国政府的政治、外交以及商贸等的需要，故而此阶段的日本汉语教育从官方到民间都由以南京官话为主

导的教学转向了以北京官话为主导的教学。在当时,反映北京官话口语的汉语教材中十分重要的一本便是由英国人威妥玛(Thomas Francis Wade)主编的《语言自迩集》(Yü yen tzu êrh chi. *A Progressive Course Designed to Assist the Student of Colloquial Chinese as Spoken in the Capital and the Metropolitan Department*)。

　　威妥玛于 1818 年出生于伦敦的一个军人家庭,卒于 1895 年。他在 1841 年随军来华,于途中开始学习汉语。1842 年,威妥玛抵达香港,开始了他的驻华生涯,在中国任外交官(官至驻华公使)长达 43 年。他先后于 1859 年出版了《寻津录》(*The Hsin Ching Lu, or Book of Experiments: Being the First of a Series of Contributions to the Study of Chinese*)、《北京话音节表》(*The Peking Syllabary: Being a Collection of the Characters Representing the Dialect of Peking*),于 1867 年出版了汉语教科书《语言自迩集》(*Yü Yen Tzu êrh Chi, A Progressive Course Designed to Assist the Student of Colloquial Chinese*)、《文件自迩集》(*Wên-chien Tzŭ-erh Chi, A Series of Papers Selected as Specimens of Documentary Chinese*)、《汉字习写法》(*Han Tsŭ His Hsieh Fa, A Set of Writing Exercises Designed to Accompany the Colloquial Series of the Tzŭ Erh Chi*)等,并成功发展了用拉丁字母拼写汉字的方法,一般称为"威妥玛拼音"或"威妥玛式"(Wade System),成了当时中国地名、人名以及事物名称外译的译音标准。

　　威妥玛讲述该书的取名意在"使学习者可在口语方面由近及远地'自迩'"。《语言自迩集》先后于 1867 年、1886 年以及 1903 年出版过多个版本,称得上是一部体量颇大,内容包括西人学习汉语的教本、一百多年前北京话口语实录描述及汉语语法研究的集大成之作。另外,它的重要价值还在于这是一部注重汉语口语教学并且使用拉丁字母注音的"对外汉语教材"的开先河之作。①

　　《语言自迩集》的第一版包括四个单行本,第一卷《语言自迩集·口语

---

① 　张德鑫:《威妥玛〈语言自迩集〉与对外汉语教学》,《中国语文》2001 年第 5 期,第 471—474 页。

系列》包括发音、部首、散语章四十章、问答章十章、续散语章十八节、谈论篇百篇、声调练习、言语例略八个章节,以及散语章部分生词、问答章部分生词、续散语章部分生词、谈论篇章部分生词和声调练习部分生词五个附录。该卷前两章用英文书写,采用横排写法,从第三章开始是汉语课文,采用传统竖排写法。第二卷《自迩集的解说》包括第一卷第三章、第四章、第五章、第六章、第七章以及第八章的英译、注释和勘误,在形式上多为英译后随文标注字词、句式注解。第三卷《平仄卷》,是《寻津录》中附录的《北京话音节表》的修改,可与《语言自迩集·口语系列》搭配使用,内容包括北京地区和顺天府所使用的一些口语生词,由北京话语音表、声调表和多音字表三项组成。第四卷《汉字练习法》,主要用来配合练习汉字书写,内容全部是汉字毛笔正楷字体书写,包括汉字笔画、书写汉字的姿势讲解、部首的写法、第一卷第三章汉字的列表等。

　　《语言自迩集》的第二版于 1886 年修订发行,共有三卷。前两卷与第一版相近,分别是八章内容及勘误表和第一卷部分章节的英文翻译、注释、勘误表。第三卷是第一版后两卷内容和附录的重新整合,包括词语汇编、汉字索引、音节表、北京话字音表、多音字表及汉字书写练习等内容。相较第一版,第二版主要在内容上进行了一定的增删和调整,如删减了续散语章、增加了阅读材料、修订了一些中英文的表达细节、更新了一些作者的语法观点、调整了相关的排版格式等。

　　《语言自迩集》的第三版是删节版,出版于威妥玛去世后的第七年。在内容上"为了顺应教材领域的简约趋势并以满足汉语初学者的最基本要求为底线",只保留了第二版的"发音""部首""散语章""问答章"这四章的课本和注释,删除了"谈论篇""词类章""声调章"以及一系列的附录。

　　基于《语言自迩集》的实用性及其巨大影响,以及当时日本由南京官话向北京官话转变的教学政策,该书在日本也得到了广泛的传播与使用。据史料记载,日本驻华使馆最开始提供给外务省派遣来华学习的学生的教材就是请北京的抄写生抄写下来的《语言自迩集》。[①] 以此为契机,《语言自迩

---

① 　六角恒广著,王顺洪译:《日本近代汉语名师传》,北京:北京大学出版社,2002 年,第58 页。

集》开始传入日本，成为当地学校教授北京话的主要教材。

据内田庆市（2010），存世的《语言自迩集》日本抄本有三种，并且都是以该书的第一版为底本。第一种是东洋文库收藏的《语言自迩集》抄本；第二种是静嘉堂文库收藏的《语言自迩集》抄本；第三种是长崎县立图书馆收藏的《语言自迩集拔翠》本。

这本书可以看作是当时日本人在编纂出自己的北京话汉语教材之前的应急转向期间的汉语课本。在将《语言自迩集》作为教材使用的过程中，日本针对本国人学习汉语的需求，也陆续出版了各式的翻刻本，多是改编自《语言自迩集》的日文版的汉语教材，其中就包括：广部精1879年出版的《亚细亚言语集（中国官话部）》，这是《语言自迩集》在日本最早的刊本，也是明治时期日本人自己编译的第一部汉语教材；金子弥平等人1880年编译、庆应义塾刊行的《清语阶梯语言自迩集》两册，该书被六角恒广（2000）认为是"在日本翻刻，面向日本人的《语言自迩集》"，尾崎实也指出，该书是《语言自迩集》在日本国内流传较为广泛的版本，但是印刷错误较多；兴亚会中国语学校以《语言自迩集·散语章》为基础于1880年出版的《新校语言自迩集散语之部》；宫岛九成于1880年出版的《参订汉语问答篇日语解》；福岛安正于1886年编辑的《自迩集平仄编四声连珠》；等等。

二、兴亚会《新校语言自迩集散语之部》

《新校语言自迩集散语之部》是由兴亚会中国语学校编写，庆应义塾于1880年活字印刷出版的一本中国语会话教科书。在该书的序言中，明确地指出该书的编写目的在于为兴亚会中国语学校的学生提供一本学习北京官话的教科书。

兴亚会成立于1880年2月13日，被视为近代日本最早的亚洲主义组织，其成立的目的在于振兴亚洲，不过更为实际的目的在于收集亚洲各国情报及学习亚洲各国语言。在1883年1月，为了消除会员中中国人的不快情绪，兴亚会决定改名为亚细亚协会。到了1990年3月，在日本兴亚组织大联合的背景之下，亚细亚协会最终被成立于1898年11月的东亚同文会正式吸收合并。①

　　为了学习语言，兴亚会在成立之初便创办了中国语学校——兴亚会中国语学校，创办人曾根俊虎是从事收集中国情报多年的日本海军军人，其办校宗旨是培养从事外交军事情报收集及通过商业活动来实现兴亚主义的人才。该校课程分为本科生类和别科生类。其中，别科生类课程是专为陆军教导团的学生设置的，课堂教授的内容包括中国现代文和中国语会话等。学校在高峰期曾经有本科生 40 人，别科生 42 人。由于经费问题，开校两年多后，学校即宣告关闭，其在校本科学生都被收编入东京外国语学校，一些教师也进入东京外国语学校继续教学。②

　　该书的扉页中间题有书名"新校语言自迩集　散语之部　全"，右侧写有"兴亚会中国语学校编辑"，左侧记录"明治十三年四月出版"。内容方面，《语言自迩集》的"散语章"属于口语系列，是一部实用性很强的日常用语手册，内容多为日常起居生活中会用到的基础词汇语句。编者在书中将众多的散语分为四十章，也即四十个不同的日常生活场景。每章一页，句子对话采用竖排列在左侧，每章涉及的词汇及其罗马字注音列在右侧，排为一列，中间以竖线隔开。结尾有两页"正误"表。在书的最后，记录有编纂者及出版人的详细信息。全书未见任何关于语法的教学内容，只是罗列出常用的词语对话，具有较强的实用性。

三、兴亚会《新校语言自迩集散语之部》笔记南北官话词汇比较

　　作为语言学习的教材，在一些流传下来的资料中就会保存有相关的学习痕迹。内田庆市（2010）就指出，《新校语言自迩集散语之部》的藏本中就有部分记录有当时的授课笔记，笔记中主要体现的是将原书中的北京官话的读音和词汇改写成对应的南京官话的读音和词汇的情况。以下我们就根据这一藏本，对一些具体的南北官话词汇作出对比分析。

---

① 曹雯：《汉语会话在日本：明治早期的选择》，《江海学刊》2010 年第 4 期，第 156—163 页。

② 参见曹雯《汉语会话在日本：明治早期的选择》引黑木彬文《〈兴亚会报告·亚细亚协会报告〉解说（1）——兴亚会·亚细亚协会の活动と思想》，复刻版《兴亚会报告·亚细亚协会报告》第 1 卷，解说文，（日）不二出版社，1993 年，第 3 页。

这版藏本在正文开始之前的空白页上就有一个体现出南京官话和北京官话音调不同的图示笔记（图 2-1 左），记录了南京官话中较为独特的入声声调。在绪言的最后，也写有"南京官话"四字（图 2-1 右），由此更可以说明，该书中的手写笔记记录的应当是南京官话。

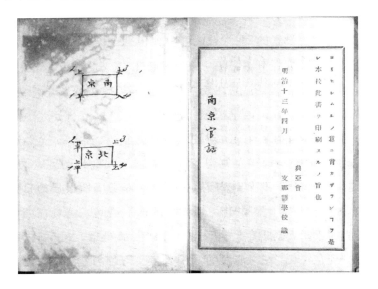

图 2-1

在该书的正文部分，有笔记的部分包括第一章至第十章、第十四章至第二十章、第二十二章至第二十八章、第三十章至第三十二章、第三十五章、第三十九章至第四十章。笔记的形式有以下几种：

一是在右侧词汇注音部分的右边用日文假名标注读音，如图 2-2：

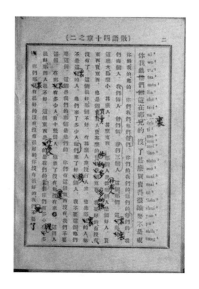

图 2-2

　　二是在右侧词汇注音部分直接将原本字词及其注音划去删除；三是在右侧词汇注音部分将某字划去删除后再在右侧记录南京官话中的用词；四是在左侧语句部分将句中的个别词语划去，再在其右侧改写为南京官话中的用词，如图 2-3：

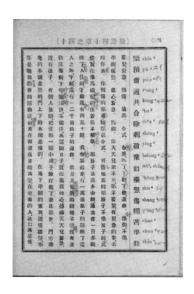

图 2-3

五是将整个句子划去删除;六是在顶部单独列出一个字并用日文假名标注其读音,如图 2-4:

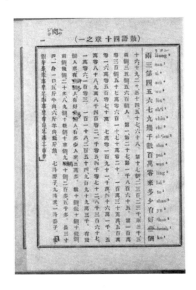

图 2-4

七是在某个北京官话特征较浓的词语右侧括号内标注其意义,如图 2-5:

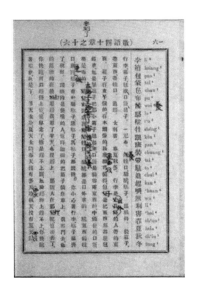

图 2-5

八是在特定列的顶部单独写出在句中修改后可能看不清的字词,如图
2-6：

图 2-6

九是在右侧词汇注音部分的右边再用罗马数字标出该字在南京官话
中的声调,如图 2-7：

图 2-7

　　如前文所述,从该书的词汇更改笔记中可以看出南京官话与北京官话在用词方面的差异,据此,我们可以总结出一些南京官话的特征词语。以下我们会举出一些较有特色的例子(完整的词汇对比将在附录一中呈现)。

　　从词语构成的角度来看,"儿"可以看作是北京官话中较有特色的一个词尾,在南京官话中,这个词尾会有一些不同形式的变化。例如:

　　(a)删除词尾"儿":

　　充数儿→充数、地方儿→地方、对面儿→对面、山岭儿→山岭、时候儿→时候、小船儿→小船、一点儿→一点、中间儿→中间、住家儿→住家……

　　(b)将词尾"儿"改为"子":

　　包儿→包子、盖儿→盖子、脊背儿→脊背子、盆儿→盆子、下巴颏儿→下巴颏子、性儿→性子……

　　(c)将词尾"儿"改为另一个字组成新词:

　　不论斤数儿→不论斤数的、单张儿纸→单张的纸、家主儿→家主人、空儿→空的时候、论个儿→论个的、性儿→性情、月月儿→月月里头……

　　(d)将词尾"儿"改为"天",这种情况体现在时间名词中:

　　后儿→后天、今儿→今天、明儿→明天、昨儿→昨天……

　　另一个例子是关于词尾"子"的,在南京官话中有一些词会将北京官话中的词尾"子"删除。例如:

　　奶子→奶、脑门子→脑门、皮子→皮……

　　还可以从不同的词性角度来看。

　　在名词方面,《新校语言自迩集散语之部》笔记中所体现出的南京官话和北京官话的不同特征用词有:

　　鼻子眼儿→鼻子洞、道儿→路、骨头节儿→骨节、官人→官员、黑下→白昼晚上、黑下→晚上、后头→后面、鸡子儿→鸡蛋、炕→床、民人→人家、脑袋→头、小人儿→小孩子、言语→话头、指头→手指头……

　　在动词方面,该笔记中所体现出的南京官话和北京官话的不同特征用词也有不少,如在行为动词方面,南北官话的不同用法有:

　　㨴→摺、合算→统算、叫→叫做、揪→揢、慢待→待慢、命定→注定、喂牲口→养牲口、谓之→叫做、下剩→剩下、下余→余下、颜色儿旧了→颜色褪了……

在心理动词方面,南北官话的不同用法有:

后了悔→退悔了、情愿意→情愿、忘→忘记……

在能愿动词方面,南北官话的不同用法有:

得→要

在判断动词方面,南北官话的不同用法有:

叫→是

在形容词方面,该笔记中所体现出的南京官话和北京官话的不同特征用词有:

假的→看样、旁人的→别人家、顺眼→好看、原旧→本来、原来→本来……

在数词方面,该笔记中所体现出的南北官话的使用差异主要体现在"俩"这个词上,南京官话中更加习惯使用"两/两个/两人"来代替北京官话中的"俩"。

在量词方面,该笔记中所体现出的南京官话和北京官话的不同特征用词有:

五管笔→五枝笔、一眼井→一口井……

在代词方面,该笔记中所体现出的南京官话和北京官话的不同特征用词也有很多。如在人称代词方面,南北官话的不同用法有:

我们→我同他、咱→我、咱们→我们……

在疑问代词方面,南北京官话的不同用法有:

多咱→甚么时候、那儿→甚么地方、那儿→怎么、甚么→甚么东西、甚么→甚么意思、谁→什么人……

在指示代词方面,南北京官话的不同用法有:

好些个→好多、好些个→好几个、好些年→好多年、那儿→那里/里/里、那儿铺子→那边铺子、这儿→这里/里……

在副词方面,该笔记中所体现出的南京官话和北京官话的不同特征用词也有很多。如在时间副词方面,南北官话的不同用法有:

快回来了→早早回来了、快来了→就要来了……

在关联副词方面,南北官话的不同用法有:

就→就是、就算→才……

在语气副词方面，南北官话的不同用法有：

如若→譬如、像似→好像……

在介词方面，该笔记中所体现出的南京官话和北京官话的不同特征用词有：

向人→对人

在助词方面，该笔记中所体现出的南京官话和北京官话的不同特征用词有：

来着→删除、似的→的样子……

在语气词方面，该笔记中所体现出的南京官话和北京官话的不同特征用词有：

呢→吓

此外，南北官话在一些词组搭配方面的不同使用方法，在《新校语言自迩集散语之部》笔记中也有所体现。例如：

长得丑→貌丑、长得俊→貌美、今八下儿钟→今天八点钟、近年→这些年、晴了天→天晴了、上月→前个月头、是个晴天→天气很好、俗说叫→也有叫做、天命所定→命里注定的、同人催他快着些儿→人家催他快一点办起、要事→要紧的事、揣住甚么→拿着东西、贼中头儿→贼的头子、准否→准不准、走长路的人→出外……

第二节　泊园文库藏《官话指南》及其中的笔记词汇

日本关西大学图书馆泊园文库藏有一本 1900 年福州美华书局活字影印版的《官话指南》，书中记录了藤泽黄鹄在华期间利用这本北京官话教材学习南京官话时的课堂笔记。我们也可以利用这一资料来进行当时南北官话词汇的比较研究。

一、《官话指南》及其不同版本

在上一节中我们提到，日本在明治维新后开始了以北京官话为汉语学习目标语的转向，他们节选、模仿《语言自迩集》，编写了一系列的适用于日本人学习的中国语教材，但是从学习原书，到邀请中国汉语教师帮助自己编写、翻译北京话汉语教材,再到自己独立编写能够适用于本国人学习的带有日语注音注义的中国语教材,当时整个日本的汉语教学都未能突破《语言自迩集》的总体框架,这种情况一直持续到《官话指南》的出现。这本教材是以日本驻北京公使馆的"学生译员"吴启太为主、郑永邦为辅编纂的一本适用于北京官话教学的新教材,出版于 1881 年 12 月。

初版的《官话指南》卷首有日本驻北京公使馆秘书官田边太一及汉语教师黄裕寿和金国璞所作的序,接着是凡例、目录和正文。编者吴启太和郑永邦在 1878—1880 年间作为见习翻译在日本驻北京公使馆工作,之后编写了该书。

全书共四卷,七万字左右,采用了中国传统典籍的竖行编排模式,全文标点只有一种,即". "。"凡例"共十条,第一条开宗明义,介绍了编写此书的背景与目的:"余驻北京,学语言,三年于今,时延请师儒,赖其口讲指画,渐有所悟,然不过沧海之一粟耳。是编系平日课本,其中遗漏,指不胜屈。今刷印成书,只为初学计,贻笑大方,自知不免。"之后介绍了汉语的发音,如四声、轻重音、出入气等。最后说明了书中"出气"字、"重念"字以及"重音"字的标记方式。在凡例之后即为正文四卷。卷之一《应对须知》,共 45段,内容都是短小简练的日常对话,包括见面寒暄、询问姓名、年龄排行、问候探病、拜客聊天、送礼游玩、品评人物等,采用了对话问答的形式。卷之二《官商吐属》,共 40 章,篇幅较长,内容繁杂,每章围绕一个中心主题展开,主要体裁分为两大类,一类关于商业,主要涉及租房、买卖、兑换、典当等主题,另一类关于官场,主要涉及升职、调任、辞官、推举等主题。卷之三《使令通话》,共 20 章,主要是通过主仆双方的问答,记录了日常生活中的一些诸如饮食起居、会客交友等情况的用语。卷之四《官话问答》,共 20章,记录了一些翻译官同一些官员的外交应酬用语,涉及询问年龄、任职,以及拜会、道贺等活动,语言较为正式,书面色彩更浓。

这本书的出版也标志着明治时期的日本汉语教育进入了一个新的历史阶段。自 1881 年 12 月至 1945 年 11 月的 64 年间,《官话指南》竟先后重印或修订多达 45 版。①

---

①　张美兰:《〈官话指南〉汇校与语言研究》,上海:上海教育出版社,2017 年,第 12 页。

《官话指南》可以说是明治时期日本人学习北京官话的必用教材之一，也正因如此，在19世纪末20世纪初，以北京官话版的《官话指南》为参照的各种修订本、注释本及翻译本层出不穷。由于活动地域的不同，当时的来华外交官员、传教士及商人、学者等人员对所学、所用的语言有着不同的要求，除了通用的北京官话之外，许多人对各地的方言土语也有着不同程度的学习、使用需要，与之相对应的《官话指南》的各汉语方言对译本也就相继出现了，如沪语对译本《土话指南》《沪语指南》、粤语对译本《粤音指南》、南方官话对译本九江书局活字印刷《官话指南》修订本等。当然除此之外还有北京官话与各外语的对译本，如日文译本、英文译本、法文译本等，用以满足不同国籍人员的不同汉语学习需求。

《官话指南》各种方言对译本都是以北京官话版作为母本，在此基础之上用方言逐句对应的改编子本。如《官话指南》南方官话版本（四卷）出版于光绪十九年（1893），由九江书局印刷。这本修订本省略了前言，开篇直接就是《官话指南》的第一卷。此版本中北京官话的原文同初版本是一致的，在编排体例上，采用了中国传统典籍的竖行编排法，当碰到相关的词汇或语句在北京官话与南方官话中表述不一致时，就在原文的旁边用小写双行并排列出，其中右边是原版的北京官话的内容，左边是改写本的南方官话的内容。行文中只使用了两种标点符号，小句后均使用顿号表示断句，整段语句结束则使用句号表示完结。张美兰（2007）指出，《官话指南》九江书局活字版代表了当时南方官话的系统，为研究当时南北官话系统的异同提供了很好的素材。

二、泊园文库藏《官话指南》

关西大学图书馆泊园文库藏有一本1900年福州美华书局活字影印版的《官话指南》，该书共四卷一册93页，半页11行，每行33个字。第一页写有书名"官话指南"，右侧写有"主降生一千九百年"，左侧写有"光绪二十六年/福州美华书局活版"的字样，全书的最后写明"明治辛丑六月于清国上海获之 藤泽黄鹄"（图2-8）。由此可知，该书的所有者及其中笔记的作者应当是藤泽黄鹄。

图 2-8

根据关西大学日下恒夫教授（1974）的考证，据藤泽黄鹄本人的日记《天外浮槎日录》记载，藤泽黄鹄于 1901 年 5 月来到中国，自 8 月 1 日至 12 月 30 日，几乎每天都会记录当天所经历的事情。在来到中国之前，他应当是不会讲中国话的，直到 1901 年在南京停留期间，他才开始向中国籍的黄乾、李田两位老师学习汉语。

藤泽黄鹄于 6 月在上海购入了《官话指南》一书，并于 8 月之前在南京向黄乾和李田两位中国老师学习汉语，当时便是使用了《官话指南》作为教材。在学习的过程中，他在书中做了笔记，将中国老师所讲的南京官话记录在了原文的北京官话旁边。这为我们研究当时的南京官话提供了十分重要的资料。

书的第一卷、第二卷的第一至十四章以及第三卷的全部二十章都有作者的笔记，大多是对单词的记录，包括对名词类、动词类、形容词类、数词类、量词类、代词类、副词类、介词类、连词类、助词类、语气词类以及叹词类等词汇的修改；整句话的改写也有，但是数量相对较少；另外还有少量用日文假名来标注读音的笔记。除此之外，还有一些对原文中错字和别字的订正。此外，作者还对一些词组的搭配、俗语的用法及行文逻辑方面的错误等也做了笔记。作者还会对学习时较难理解的复杂语句进行一些说明。

作者主要的笔记方式就是将想要修改的字句划去,然后在旁边做上记录(如图 2-9)。当然,其中对南北官话差异的记录,如将"昨儿"改成"昨天",将"那儿"改成"那里",将"别"改成"不要"等,可以看作是该书最大的研究价值之一。我们将对这些对照的笔记进行比较分析,以期能够整理出一些当时南北官话的不同之处,尤其是在用词方面的不同之处。

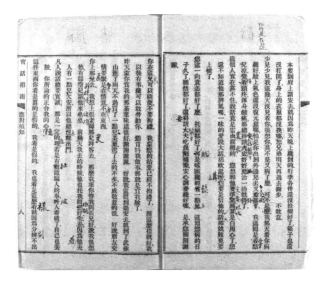

图 2-9

三、泊园文库藏《官话指南》笔记南北官话词汇比较

如上节所述,从该书中对于词汇更改的笔记中可以看出当时的南京官话与北京官话在用词方面的差异,由此,我们可以总结出一些南京官话的特征词汇。以下我们会举出一些较有特色的例子(完整的词汇对比将在附录二中呈现)。

从词语构成的角度来看,"儿"可以看作是北京官话中较有特色的一个词尾,在南京官话中,这个词尾有了不同形式的变化。例如:

(a)删除词尾"儿":

榜样儿→榜样、复元儿→复元、慢慢儿→慢慢、各样儿的→各样的、两下儿→两下、南腔北调儿→南腔北调、一点儿→一点、一会儿→一会、一头儿→一头、一样儿→一样……

(b)将词尾"儿"改为"子"：

灯罩儿→灯罩子、盖儿→盖子、红封儿→红封子、杏儿→杏子、性儿→性子、烟卷儿→烟卷子、一点儿→一点子、照样儿→照样子……

(c)将词尾"儿"改为另一个字组成词：

价儿→价钱、烂烂儿→烂烂的、零儿→零头、那儿的→那个、四季儿→四季时候、声儿→声音、多儿钱→多少钱……

(d)将词尾"儿"（或"儿个"）改为"天/日"，这体现在时间名词中：

今儿→今日、今儿→今天、今儿个→今天、明儿→明天、明儿个→明天、昨儿→昨天、昨儿个→昨天……

另一个有较大使用差别的词尾是"子"，有些词是在南京官话中比北京官话中多出词尾"子"。例如：

房→房子、梨→梨子、棚→棚子、桃→桃子……

有一些词是在南京官话中将北京官话中的词尾"子"删除，例如：

被单子→被单、果木园子→果木园、花园子→花园、租子→租……

还有一些词是在南京官话中将北京官话中的词尾"子"改为另一个字组成新词。例如：

槟子→槟榔、嚼子→嚼口……

还可以从不同的词性角度来看。

在名词方面，泊园文库藏《官话指南》笔记中所体现出的南京官话和北京官话的不同特征用词有：

大夫→医生、墩布→抹布、馆子→店、孩子→娃娃、汗褟儿→汗衫、耗子→老鼠、黑下→黑夜、糙子→糨糊、坎肩儿→背心子、炕→床、嗓子→喉咙、晌饭→中饭、晌觉→中觉、屋→家……

在动词方面，该笔记中所体现出的南京官话和北京官话的不同特征用词也有很多。如在行为动词方面，南北官话的不同用法有：

擦地板→抹地板、榇一榇→拉一拉、打点→收拾、丢→掉、逛一逛→顽一顽、归着→收拾、害羞→怕丑、喝茶/酒/粥→吃茶/酒/粥、拉→说说、领教→请教、蹓跶蹓跶→游玩游玩、沏茶→泡茶、瞧→看、让→疾呼、扔→摔、招着我→碰着我、折→断、揸→搭、走路→行路……

在心理动词方面，南北官话的不同用法有：

爱→欢喜、爱→喜欢、觉着→觉得、累→烦、疼→喜欢、通达→晓得、知道→晓得、忘→忘记、约摸→估猜……

在能愿动词方面,南北官话的不同用法有:

爱→要、得→要、该→要、就是→只能、可以→能、能→得、使得→可以、使得→作得、也许→作兴……

在趋向动词方面,南北官话的不同用法有:

包上→包将了、带上→带去、钉死了→钉起来、卷上→卷起来、勒死了→勒稳当了、上别处→到别处、往回里→往回去、洗完了→洗过了……

在判断动词方面,南北官话的不同用法有:

就得了→就是了、是样子→相样子……

在使令动词方面,南北官话的不同用法有:

白了你→白劳为你、吩咐→告诉、叫你→要你、让→请……

另外动词的重叠式在南北官话中也有所不同,在南京官话中更倾向使用"V 一 V"来代替北京官话中的"VV"。如:

问一问→问问、看一看→看看、谈一谈→谈谈……

在形容词方面,该笔记中所体现出的南京官话和北京官话的不同特征用词有:

瓷实→稳当、沉→重、行→可以、好办→容易、货短→货少、贱→便宜、贱姓→敝姓、净→干净、烂烂儿的→稀稀的、俐俏了→清清楚楚的、俏货→贵货、舒坦→舒服、天胆→大胆、晚→迟、一包→一总、匀溜→匀匀、云山雾照→云里雾里、湛新→簇湛新、照旧的→照样的、中用→能用……

在数词方面,该笔记中所体现出的南北官话的使用差异主要体现在"俩"这个词,南京官话中更加习惯使用"两个/两人"来代替北京官话中的"俩"。

在量词方面,该笔记中所体现出的南京官话和北京官话的不同特征用词有:

别位→别个、吊→千、个→一个、工夫→天、工夫儿→时候、顷→亩、项→个、一头骡子→一匹骡子、这么项→这么一种……

在代词方面,该笔记中所体现出的南京官话和北京官话的不同习惯用词也有很多。如在人称代词方面,南北官话的不同用法有:

您纳→你、您纳→阁下、您纳→您、您纳→您老哥、您纳→您老人家、您纳→您老兄、咱→我、咱们→我们、自各儿→自己……

在疑问代词方面，南北官话的不同用法有：

多咱→那时、多咱→那天、什么→那个、谁→那个、怎么→怎样、怎么个→甚么、怎么个→怎样、怎么个缘故→有什么缘故、怎么着→怎么样……

在指示代词方面，南北官话的不同用法有：

见天→每天、那儿→那里/里/里、那些个→那些、这→这样、这儿→这里、这么→这样、这么→这么样、这么着→这个样、这么着→这样……

在副词方面，该笔记中所体现出的南京官话和北京官话的不同特征用词也有很多。如在程度副词方面，南北官话的不同用法有：

很→顶、很→极……

在时间副词方面，南北官话的不同用法有：

从先可→先前、刚→才、后来→往后、脚下→此刻、脚下→目下、脚下是→刻下、近起来→近来、原先　从前……

在否定副词方面，南北官话的不同用法有：

别→不、别→不要、别→莫、别竟→不要、老没→久未、没→没有、没得→有、没能→未、没在→不……

在情状副词方面，南北官话的不同用法有：

白→随便、蹓跶着→慢慢的……

在范围副词方面，南北官话的不同用法有：

大好了→全好了、竟→只、竟→专……

在频率副词方面，南北官话的不同用法有：

常→时常、老→总、老是→总、直→竟……

在介词方面，该笔记中所体现出的南京官话和北京官话的不同特征用词有：

按→照、打→从、赶……之后→等……之后、赶到→等、赶慢慢儿→等、赶下→等、给→替、给→要、和你说→同你说、叫人看破了→被人看破了、起→从、起这儿过→走这儿过、是在情谊，不在东西→是重在情谊，不重在东西……

在连词方面，该笔记中所体现出的南京官话和北京官话的不同特征用词有：

跟→同、可→倒、可→却、可→却要、为得→因为、因为→因为着……

在助词方面,该笔记中所体现出的南京官话和北京官话的不同特征用
词有：

来着→的呢、来着→的、来着→去的、来着→删除、四百来吊钱→四百
多吊钱……

在语气词方面,该笔记中所体现出的南京官话和北京官话的不同特征
用词有：

罢→么、就结→罢、来了→删除、了→罢、了→哩、了→哪、了→呢、了→
的、么→哩、哪→呢……

在叹词方面,该笔记主要是删除了原版北京官话中的叹词"喳",或将
"喳"改为"是"。

此外,南北官话在一些词组搭配方面的不同使用方法,在泊园文库藏
《官话指南》笔记中也有所体现。例如：

不像事→不像样、搓搓澡→擦脊梁、涎皮赖脸→厚着脸皮、东嘎拉儿里
→东边里头、干什么→做什么事、没栽了个大觔斗→跌了一交、磨稜子→耽
搁工夫、破了零的→换零碎、扑空→会不见他、起今儿→从今天起、天太晚
了→时候太迟、问他来着→问过他、洗完了脸了么→洗过了脸没有、先挨一
挨儿→且等等、整天家→整天的、着点儿凉→受了凉……

第三节　《南京华言学堂课本》及其中的南京官话词汇

随着来华传教运动的迅速发展,能否熟练掌握汉语成了传教士在华工
作生活的关键。在此情况之下,20 世纪初,南京华言学堂顺势成立,为传教
士们的语言学习提供了一种全新的、高效的、科学的模式,对当时传教士在
华传教及中西文化交流等,都有重要意义。

由该校出版的《南京华言学堂课本》,是一本用南京官话口语编写而成
的会话类教科书。书中如实记录了当时实际使用中的南京官话,在教学方
面有很大的实用性,对我们研究当时南京官话的词汇、语法等特征也有十
分重要的意义。

一、《南京华言学堂课本》简介

根据扉页（图 2-10），该书在"西历一千九百十五年至十六年"第一次印发，作者为美国人钦嘉乐（C. S. Keen）和中国人贾福堂，印刷所是南京宜春阁，发行所为南京华言学堂。

图 2-10

在正文之前，作者写有一篇"注意"，交代了该书的编写背景与目的：

> 此课专为本校学员预备。除课本以外，另有辅助语言一法，如分班会话，如自由谈，如旅行，如触景触物之类，临时加入应用之话紧要之字，使学生人人除去注重翻译之流弊，而达到能问能答之目的。

全书正文共分为十二课，最后还有附课。除附课外，每课分为不同的小段，段数为五、七、八、十不等。第一、二课及第三课的第一节都用"礼拜一"至"礼拜五"来作为标记，从第三课的第二段开始记为"第二段""第三段"等。

其中，前四课是四个较为基本的日常主题，分别是念书、课堂、时候和买东西;从第五课开始到第十一课都是会话内容,又分为二十二个主题,分别为朋友、西人、教员、商界、用人、用人晒衣裳、大司夫上街、大司夫买物回来、对厨子说预备饭、阿妈、洗衣裳、裁缝、上街买东西、邮政局、上火车、上轮船、礼拜堂、外科、内科、茶馆、饭馆和真理辩论;第十二课是讲信教缘由;附课部分是一些信件、邀请函等的例文。从第九课起,在一些课文段落的最后还会有一句常用俗语,记录如下:

第九课　第一段下　不怕慢,只怕站。

第九课　第三段下　四海之内,皆兄弟也。

第十课　第一段下　卖嘴的医生无好药。

第十课　第二段下　名师出好徒。

第十课　第三段下　长到老,学到老,还有三个学不到。

第十课　第四段下　画龙画虎难画骨,知人知面不知心。

第十一课　第一段下　人恶人怕天不怕,人善人欺天不欺。

第十一课　第二段下　善恶到头终有报,只争来早与来迟。

第十一课　第三段下　跟好学好,跟着叫化子学讨。

第十一课　第四段下　要知山前路,须问过来人。

第十二课　第二段下　静坐常思己过,闲谈莫论人非,忍得一时之气,免得百日之忧。

鉴于该培训科只教授南京官话的宗旨,其课本应当可以确定为以当时的南京官话写成。

二、《南京华言学堂课本》中的南京官话词汇

根据该书的内容和其他一些相关语料,包括上两节中提及的两本教材笔记以及《官话类编》《白姓官话》等资料中的南京官话特征部分,通过对比,我们可以总结出该书所记录的一些南京官话的"特征词语"。例如:

南京官话的指示代词使用"这里""那里",疑问代词倾向使用"什么人":

贾先生怎么这些时候没有到我们<u>这里</u>来。（第六课 第一段上）

我兄弟都在<u>那里</u>。（第六课 第二段下）

你出去看一看是<u>什么人</u>。（第六课 第一段上）

不是（这儿→<u>里</u>）的人。（兴亚会《新校语言自迩集散语之部》笔记）

他是（那儿→<u>里</u>）的人。（兴亚会《新校语言自迩集散语之部》笔记）

这个东西是（谁→<u>什么人</u>）的。（兴亚会《新校语言自迩集散语之部》笔记）

南京官话使用动词"晓得""欢喜""顽顽"等：

只<u>晓得</u>早上中上晚上。（第三课 礼拜一）

大概中国人<u>欢喜</u>买不二价店家的东西。（第四课 第五段上）

带小孩子到隔壁花园里头去<u>顽顽</u>。（第八课 第一段上）

我就（知道→<u>晓得</u>）拿银票来取银子。（泊园文库《官话指南》笔记 2-6-17-8）

这副钮子我很不（爱→<u>欢喜</u>）（泊园文库《官话指南》笔记 3-5-59-10）

就顺便绕道西山去（逛一逛→<u>顽一顽</u>）（泊园文库《官话指南》笔记 3-8-61-15）

南京官话中有一些特殊的动名搭配，如"吃茶""泡茶""转弯"等：

我想请先生同我到茶馆里去<u>吃茶</u>。（第十课 第三段上）

<u>泡茶</u>来。（第六课 第四段上）

你对东边一直走，不到半里路，左手<u>转弯</u>。（第九课 第一段上）

老弟请坐（喝→<u>吃茶</u>）。（泊园文库《官话指南》笔记 2-4-16-5）

再来（沏→<u>泡茶</u>）打洗脸水。（泊园文库《官话指南》笔记 3-14-67-7）

学房就在这（拐弯儿→转弯）。（泊园文库《官话指南》笔记 1-10-22）

南京官话中"替"可以用来介引目标对象：

那一个来替他们医治呢。（第十一课 第三段上）

我（给→替您）拜年。（泊园文库《官话指南》笔记 2-4-16-5）

请各位明日就要上船，今日特来替你们讲一声，先把铺盖行李收拾明白，省得临起身时慌慌忙忙。（《白姓官话》）

南京官话中的介词"同"可以用来指示动作的对象：

恐怕外面虽然同他客气。（第五课 第二段下）

另外，介词"同"还可以用来介引受益者：

仍旧要请人同你去做繙绎。（第五课 第二段上）

南京官话中的并列连词倾向使用"同"：

先生的袖口同领子。（第八课 第二段）

南京官话中的程度副词倾向使用"顶"：

后来能说顶好的中国话。（第五课 第二段下）

为太太可是（很→顶要紧）。（泊园文库《官话指南》笔记 3-8-61-21）

南京官话中的比拟助词倾向使用"一样"：

如同鱼在水里一样啊。（第十二课　第一段）

你这话实在不明白，好像小孩子的话一样/似的。（《官话类编》第99课）

南京官话中倾向使用语气词"来的"：

双挂号是收信的人也有一个凭据来的。（第九课　第一段上）

我在花园子浇花儿（来着→的）。（泊园文库《官话指南》笔记3-18-70-3）

此外，南京官话中还有一些区别于北京官话的特征名词，如"中上""山芋"等。用法较为特殊的词尾"子"在该书中也有体现，如"鸡子"（指鸡而不是鸡蛋）、"一下子"（表时间持续，如"等一下子"）、"沫子"、"茶杯子"等。

第四节　《华语拼字妙法》及其中的南京官话词汇

《华语拼字妙法》(*Two Years' Course of Study in the Chinese Language*)是一本以南京官话为目标语的汉语教科书，目前汉语学界对其研究较少，我们认为可以利用这本资料总结出一些南京官话的特征性词语。

一、《华语拼字妙法》概述

《华语拼字妙法》于1913年在上海出版发行，是一本用来学习中国语的课本。内田庆市(1991)和冰野善宽(2011)曾介绍过该书的一些基本情况，并就该书所体现的汉语学习体系做过分析，但在国内学界还几乎未见对该书的研究。因此我们在此对该书进行一些简单的介绍，并以之为材料，分析其中所记录的当时的南京官话词汇。

目前，我们可以在关西大学亚洲文化交流中心数字档案(CSAC Digital Archives)所收的内田庆市藏书中看到该书的原版。书的扉页标有其英文名称：*Two Years' Course of Study in the Chinese Language* by Rev.

Robert Thomas Bryan，D. D. in Four Volumes- Volume I. Analytical Primer，及该书的出版地、出版社、出版时间：Shanghai：Methodist Publishing House，1913。

"教授法乥言"的落款是"中华民国元年五月美博士万应远口授辛堂居士夏葭塘笔述"，表明了该书的编著者。根据《近代来华外国人名辞典》，万应远原名 Robert Thomas Bryan，生于 1855 年，卒于 1936 年。他于 1886 年受美南浸信会派遣，来到中国进行传教工作。他起初在江苏镇江传教，后于 1892 年被调往上海。在传教的同时，他还先后创办了一所男校、一所女校以及一所《圣经》学校，1906 年至 1912 年，万应远曾担任沪江大学教授。而关于另一位编著者夏葭塘（Hsia Gia Tang）及其书前言中提及的参与编书的协助者 Pan Dz Fang、Tong Tsing Eu、Chen Tsun Seng 等，目前都未能查到更多的相关信息，猜测他们可能都是教授汉语的老师。

《华语拼字妙法》的开篇是一篇英文的前言，首先介绍了该书的课程计划。作者认为选择两千字的词汇量来进行汉语教学是最合适的，相较于拥有更多词汇量却对内容一知半解的情况，两千字足以使一个学习者较为流利地读懂大部分中文书籍。因此，这个系列计划教授两千个精心挑选过的生字，教材将被分为四部分，每部分包含有五百个生字，一百个课程。第一册是一些常用字，第二册是第一册的一个附加部分，第三册是基于《新约全书》的内容，第四册讲解了不同文理的关键。目前，我们未见到后三册的内容。

之后，作者对第一册的具体内容做了一个总括性介绍。在该册中，每课包含了五个生字，每个字都会列出可组成的词语与例句以帮助理解记忆。

作者也注意到了南北官话的差异问题，他提到：

Where Northern and Southern mandarin use different characters, the author at first thought of putting the two readings side by side, but on further consideration decided that this would not be an improvement. If student find that different characters and phrases are used in their localities, they can with

the aid of their teachers easily make the necessary changes. This
book stands for a system of study, rather than for particular
characters, phrase, and sentences.

也就是说,作者摒弃了将不同的方言并排列出的编排形式,但是学习
者在学习过程中如果遇到相关方言问题,仍然可以向老师寻求帮助。在这
之后作者提出了一个声调的简单讲解与练习,书中列出了上平(Shang
ping,1,)、下平(Hsia ping, 2,-)上声(Shang sheng, 3,′)、去声(Chu
sheng, 4,ˋ)、入声(Ruh sheng, 5, ʰ)这五个声调。从语音方面来看,由于有
入声,我们认为相较于北京官话,该书的内容应当更接近于南京官话。该
书参考了 The Standard System of Mandarin Romanization(1904)来标注
汉语的罗马字注音。

作者对外语教学法也提出了不少自己的见解,例如关于汉字的学习,
书中就提出有两种方式,分别是图像法和分析法,而编者更为推荐及书中
采用的都是后者。书中还鼓励学习者更多地学习汉语口语,要像孩童一样
学习外语等。

编者还为学习者制定了详细的学习计划,包括每天学习一节课程五个
生字,每周五天,每个月四周,每年十个月,那么两年便可以完成两千字的
学习任务等。

在"教授法刍言"中,编者提出了西人学习汉语的几点要义:(一)贵简
要("所谓要言不烦是也");(二)贵活泼("无论教字教画,俱要身手活动");
(三)贵比方指点("用眼前之桌椅茶杯笔墨等物,反复取譬");(四)贵清爽
舒缓("将各字五音之出气不出气,分别轻重高低");(五)贵忍耐详细("已
经教过之字义,学者或尚未明白,仍须平心和气,再教几次");(六)温习透
熟("已读过之课,必须逐日通理一遍")。

另外,编者再次明确提及:

> 至本书所用之口气字面,或与北方官音不同者,祈酌改读(如
> 北用咱您哩吗等字,本书只以你我呢么四字括之),因限韵题诗,
> 与限字造句,同一苦衷,祈海内诸名流共谅之。

这里是在说明南北方的词汇使用习惯是有区别的，而该书采用的是南方官话的用词。也因此，我们更可以确定地将这本教材作为一部记录南方官话的语料进行分析研究。

之后，编者贴心地为初学者提供了一张在请求老师帮助的时候可以使用的问话表格（To Assist the Beginner to Communicate with the Teacher），例如“若是我说错了请你告诉我”“这个叫什么”“那个叫什么”……表格共两页，二十七句话，分为三列，第一列为汉语问话的罗马字注音，第二列为汉语问话，第三列为汉语问话的英文翻译，如图 2-11：

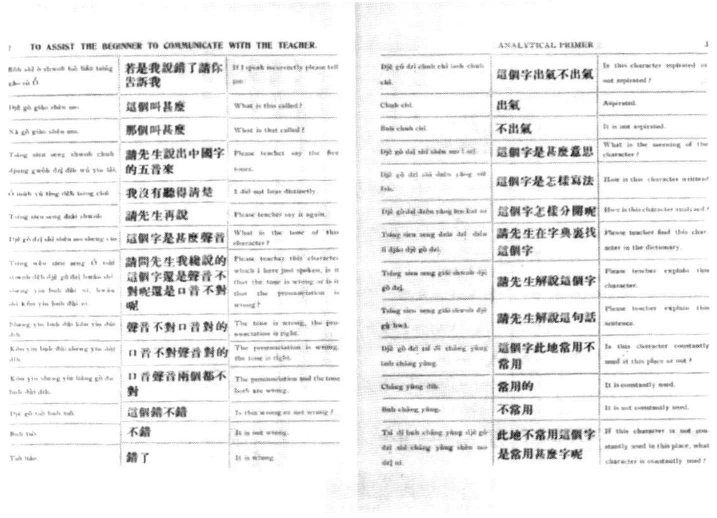

2 TO ASSIST THE BEGINNER TO COMMUNICATE WITH THE TEACHER.

[illegible]	若是我說錯了請你告訴我	If I speak incorrectly please tell me.
[illegible]	這個叫甚麼	What is this called?
[illegible]	那個叫甚麼	What is that called?
[illegible]	請先生說出中國字的五音來	Please teacher say the five tones.
[illegible]	我沒有聽得清楚	I did not hear distinctly.
[illegible]	請先生再說	Please teacher say it again.
[illegible]	這個字是甚麼聲音	What is the tone of this character?
[illegible]	請問先生我纔說的這個字還是聲音不對呢還是口音不對呢	Please teacher this character which I have just spoken, is it that the tone is wrong or is it that the pronunciation is wrong?
[illegible]	聲音不對口音對的	The tone is wrong, the pronunciation is right.
[illegible]	口音不對聲音對的	The pronunciation is wrong, the tone is right.
[illegible]	口音聲音兩個都不對	The pronunciation and the tone both are wrong.
[illegible]	這個錯不錯	Is this wrong or not wrong?
[illegible]	不錯	It is not wrong.
[illegible]	錯了	It is wrong.

ANALYTICAL PRIMER 3

[illegible]	這個字出氣不出氣	Is this character aspirated or not aspirated?
[illegible]	出氣	Aspirated.
[illegible]	不出氣	It is not aspirated.
[illegible]	這個字是甚麼意思	What is the meaning of the character?
[illegible]	這個字是怎樣寫法	How is this character written?
[illegible]	這個字怎樣分開呢	How is this character analyzed?
[illegible]	請先生在字典裏找這個字	Please teacher find this character in the dictionary.
[illegible]	請先生解說這個字	Please teacher explain this character.
[illegible]	請先生解說這句話	Please teacher explain this sentence.
[illegible]	這個字此地常用不常用	Is this character constantly used at this place or not?
[illegible]	常用的	It is constantly used.
[illegible]	不常用	It is not constantly used.
[illegible]	此地不常用這個字是常用甚麼字呢	If this character is not constantly used in this place, what character is constantly used?

图 2-11

该书的正文部分共 100 课，每课两页。前四课，左边页分别列出了一些部首的名称、书写方式、读音、可以组成的汉字以及意义等，右边页做了一个详细的说明，如图 2-12：

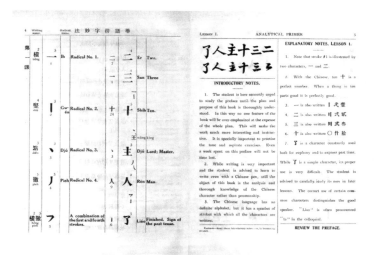

图 2-12

　　从第五课到第一百课，左边页由五条竖线分为六个部分，分别是本课序号，部首，生字，罗马字注音，英文释义，由本课生字组成的词汇、短语或句子。右边页分为两列，左列的上半部分用两种不同的字体书写了本课的生字，下半部分是本课单词、短语、句子的英文解释，右列是关于本课的一些重难点字词的英文注释或补充说明（如图 2-13）。全书内容的排列十分工整。

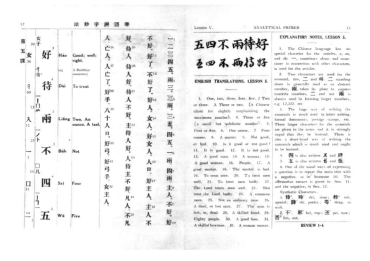

图 2-13

　　从第 204 页到第 213 页是"字目便差"的表格,列出了每个部首及汉字所在的课数,方便查询。第 214 页是一张量词表,记录了 25 个较为常见的汉语量词。该册的最后是一张 214 部首表格。总体来说,整个教材编排得条理清晰,易于使用。

二、《华语拼字妙法》中的南京官话词汇

　　如上文所述,无论是注音还是用词,编者都较为明确地指出该书是采用南京官话作为目的语来进行汉语教学的,因此我们可以尝试总结出一些书中所记录的当时所使用的南京官话的特征词汇。

　　在名词方面,南京官话中倾向使用"工夫"来代替北京官话中的"时间"。如:

　　　　你有工夫去拿我的衣裳么。有工夫。(第二十六课 54-10)

　　在南京官话中倾向使用"旁人"来代替北京官话中的"别人"。如:

　　　　这个事不必同旁人商量。(第二十八课 58-14)

　　在南京官话中倾向使用"中饭"来代替北京官话中的"午饭"。如:

　　　　我没有吃早饭,所以要早些吃中饭。(第四十二课 86-18)

　　在南京官话中倾向使用"今天""昨天"来代替北京官话中的"今儿(个)""昨儿(个)""明儿(个)"。如:

　　　　他应许我来,但昨天又写信说今天不来。(第四十九课 100-18)
　　　　我盼望他明天早些来。(第四十九课 100-19)

　　在南京官话中还有一个较为常见的名词词尾"头",像"纸头""被头""高头"等。如:

这个纸头真真厚实。（第六十七课 136-14）

你试试看，薄纸头容易破，厚纸头不容易破。（第六十七课 136-17）

试问你这本书为什么这样厚。因为是用的洋纸头，所以这样厚。（第六十七课 136-19）

这个被头破了不能用。（第八十一课 164-19）

你站在高头，可以拉他上去罢。（第一百课 202-18）

在动词方面，南京官话中倾向使用动词"把"表达传递给予，用法类似北京官话中的"给"。如：

你把我的一把白麻把他。（第十课 22-28）

叫他去把水拿来把我。（第十四课 30-26）

把我的一本书拿来把先生，请他教你。（第十六课 34-26）

叫他去拿来把我。（第十七课 36-15）

在第十课的注释中，也有针对这个"把"字的说明：

把 has three uses：(a) It is the classifier of fans, knives, and most other things having handles. (b) It is used in the sense of *to take hold of*, with a view to moving the object. It is so used sometimes with abstract thought. (c) It has a colloquial usage in some places, meaning *to give*.

其中第三种用法就是"给予"的意思。

在南京官话中倾向使用"认得"来代替北京官话中的"认识"，其否定用法是"认不得"。如：

什么人认得他，没有人认得他。（第十七课 36-16）

你先生离开上海有几年了，我好像有点认得你。（第八十五课 172-9）

我认不得他。（第十七课 36-17）

我认不得你先生。（第十七课 36-19）

在南京官话中倾向使用"没得"来代替北京官话中的"没有"。如：

人做大事小事，先要一下手做得好，人人多没得话说了。（第二十课 42-23）

在南京官话中倾向使用"晓得"来代替北京官话中的"知道"。如：

他们为什么这样说，因为不晓得耶稣道理是好的。（第二十一课 44-11）

那个人晓得耶稣么，不晓得，因为没有人教训他。（第二十一课 44-12）

那个讲道理的人，他的意思你晓得么。不晓得。（第二十二课 46-27）

我晓得他几时动工。（第四十七课 96-25）

在第七十三课的第二条注释中也有说明：

知道 is about equivalent to 晓得，but is used more in book mandarin and in Northern mandarin.

在南京官话中倾向使用"望/望见"来代替北京官话中的"看/看见"。如：

那个人站在屋顶上望甚么。（第八十三课 168-25）

你望见前头的两个人么。（第四十八课 98-21）

在南京官话中倾向使用"欢喜"来代替北京官话中的"喜欢"。如：

  他欢喜说好话劝勉他的朋友。（第五十课 102-14）

  人人应该欢喜做完全的人。（第五十课 102-16）

  我欢喜常常来，就是怕你没有工夫。（第五十四课 110-16）

在南京官话中有"难为"一词，用来表示"麻烦"或者"感谢"。如：

  我听不明白，难为你再说。（第七十三课 148-27）

在南京官话中"着"可以用作动词，表示"派遣、差使"的意思。如：

  你着个人来，将我这些用不着的东西拿去罢。（第七十六课
154-21）

在南京官话中倾向使用动词"揩"来代替北京官话中的"擦"。如：

  那个玻璃窗子，你要漫漫的揩干净了，才有亮光呢。（第八十
九课 180-11）

  楼上的窗子还没有揩干净。（第八十九课 180-12）

在南京官话中倾向使用"上算"来代替北京官话中的"合算"。如：

  不要让他们跟你去，恐怕你有些不上算。（第五十五课 112-19）

  另外还有一些名动搭配的不同，例如在南京官话中"茶"可与"烧""泡"
"吃"等动词连用，"水"也可与"吃"连用。此外还有"烧饭""弄饭"的组
词。如：

打水来烧茶吃。（第四十七课 96-17）

这杯茶给他吃。（第二十九课 60-7）

烧水拿来泡茶。（第二十九课 60-8）

拿茶来给先生吃。（第二十九课 60-9）

请先生吃茶，必定要说用茶。（第二十九课 60-15）

这杯冷茶不好吃，你要生火烧热了给我吃。（第三十三课 68-28）

你要去烧饭，烧好了，我来吃。（第二十九课 60-13）

这杯水不冷不热，所以不能吃。（第三十三课 68-27）

你弄饭要小心，不要不能吃。（第六十六课 134-21）

关于指人的疑问代词，南京官话中倾向使用"什么人/那一个人"来代替北京官话中的"谁"。如：

要什么人。-要这个人。要那个人。（第八课 18-7、8、9）

叫那一个人来。（第八课 18-13）

什么人在里头，没有人在里头。（第十五课 32-22）

在副词方面，南京官话中倾向使用程度副词"顶"来代替北京官话中的"很"等。如：

肯用心的人，不怕天下顶难做的事。（第七十三课 148-22）

人没有饭吃顶难过。（第七十三课 148-24）

没有衣裳穿，顶难看。（第七十三课 148-25）

宝贝的东西顶难得。（第七十三课 148-28）

那个差人顶可恶，不过想赚钱。（第八十课 162-19）

这一座桥，顶大顶宽。（第八十二课 166-16）

在南京官话中倾向使用"将好"来代替北京官话中的"刚好"。如：

这个东西好用么。将好。（第六十课 122-13）

这件衣裳不长不短的，将好穿。（第九十一课 184-25）

在南京官话中倾向使用"不问"来代替北京官话中的"无论"。如：

人不问买什么东西，总欢喜挑好的买。（第九十八课 198-22）

在连词方面，南京官话中倾向使用"同"来代替北京官话中的"和"等连词。如：

那个人的心不好，你必定不要同他去。（第二十五课 52-11）

我来同你相商。（第二十五课 52-12）

我同你在这里吃饭。（第二十五课 52-16）

请你同先生商量。（第二十五课 52-19）

你以前同我讲过了。（第三十四课 70-17）

请你进来，我要同你讲话。（第三十五课 72-23）

我初六到上海，是同你初会。（第九十五课 192-17）

该书中还记录了一些南京官话的特征短语，如在南京官话中以"不好过"来表示"身体不舒服"。如：

我今天不好过，要请个替工去替我做事。（第七十四课 150-10）

在南京官话中倾向使用"一生一世"来代替北京官话中的"一辈子"。如：

我劝你们两个人，要一生一世的和好。（第七十九课 160-16）

在本课的第四条注释中有解释：

Note the idiomatic expression for *the whole of life* 一生一

世. In Northern Mandarin，一辈子，ih bei dzi，*all through life is used.*

本章小结

在这一章，我们分析研究了诸如泊园文库藏藤泽黄鹄笔记版的《官话指南》、兴亚会《新校语言自迩集散语之部》的笔记、《南京华言学堂课本》、《华语拼字妙法》等文献中所记录的南京官话词汇。

此前学界进行相关研究时多会采用一些异文资料作为语料，例如在《官话类编》中作者采用双行、三行注的方式描述了北京、山东、南京三地官话在用词上的不同之处；类似的还有九江书会版的《官话指南》等。

在本书中我们选用了一种学习笔记类的资料，即泊园文库藏《官话指南》以及兴亚会《新校语言自迩集散语之部》。这两本资料是外国人用原本以北京官话写成的教科书学习南京官话，在遇到两种方言的不同之处时，在原文旁边标注的笔记，这也达到了一种异文对照互释的效果。再加上单一性质的南京官话教材，即《南京华言学堂课本》和《华语拼字妙法》，都为我们研究当时南北官话词汇系统的异同，进一步总结出更多南京官话的特征词汇提供了很好的素材。

通过对比，我们可以总结出南京官话的一些"区别性特征"词汇。例如，南京官话中有特征名词"中上""中饭""中觉"；用法较为特殊的词尾"子"，如"梨子""桃子""沫子""茶杯子""一下子"；南京官话偏向于使用指示代词"这里""那里"；指人疑问代词多用"什么人"；特征实义动词"晓得""欢喜""顽顽""把""认得"；特征介词"替"；特征连词"同"；特征副词"顶"；还有一些具有特色的动宾搭配"吃茶""泡茶""转弯""烧饭"等。

需要说明的是，我们目前在确认一个词是南京官话还是北京官话的特征词汇的时候，只能按照其出现频率的高低来作为基本评判标准。我们认为存在着众多影响语料中词汇使用的因素，外部因素包括作者本身方言的标准程度、作者对标准通用语的熟练程度、作者希望作品所能够流传的地域广度、受众的可接受度等，内部因素包括各区域官话或方言语言接触导致的"不纯洁性"等。在北京官话以及南京官话逐渐向共同语融合的过程之中,不仅是汉语通语受到了影响从而逐渐成形,南北官话各自的纯洁性也不同程度地受到了挑战。这种交融的影响在词汇方面更显突出。考虑到以上因素,我们认为在某个作品中掺杂有一些其他官话或方言的词汇、句法等都是合理的,只要某个词语或句法在本语言系统中相较于在其他方言或官话中具有明显更高的使用频率,那么我们就认为这可以看作是这个语言系统的特征词汇或句法。

我们还应当认清,南京官话与北京官话用词的差异不仅可以反映出这些词语具有地域性差异,还与它们的历时演变有关。在之后的研究中,我们可以进一步利用这些课本的异文对勘语料以及关于不同方言的笔记等资料,将汉语词汇史与方言地理学等知识相结合,分析这些异文的共时分布,探讨它们与词汇历时兴替之间的联系。南北官话用词的差异所体现出的地理空间上的共时的横向分布恰恰反映了这些词汇在时间上的历时的纵向层次,也就是说共时分布可以看作是历时演变的结果。

第三章　近代域外资料中的南京官话语法特征研究

　　朱德熙(1987)在《现代汉语语法研究的对象是什么》中曾提出,由于普通话特别是普通话书面语是一个混杂的系统,应当把普通话的不同层次分别开来,北京话是现代汉语标准语(普通话)的基础,因此研究现代汉语语法应当首先研究清楚北京话口语语法。这个观点主要是从方言成分混入普通话的角度来进行讨论分析的,其实根据我们的相关研究,参考语言史实,我们可以对这一观点做出进一步的补充,也即:普通话是以北京话为基础,除此之外的底层来源于汉语的各个时期的各种方言,其差异仅在于各种方言重要程度的不同。基于历史、文化、政治、经济等诸多原因,近代南京官话也可以看作是其中最重要的基础语言之一。另外,在上一章我们也曾提到,这种情况也造成了现代汉语普通话中存在着较多同义语法形式等现象。

　　除了前文提及的词汇,语法特征也是判断语言系统性质的标志之一。在这一章中,我们将主要考察近代南京官话中所使用的一些较为特殊的语法形式,包括能性表达结构"得/不得 V""V 得 OC"和"VO 不 C"以及特征助动词"好"等。

第一节　南京官话中的能性表达结构

　　一般来说,汉语表达可能性的方式大致可分为两种:一是使用助动词,构成前置的能性状中结构;二是利用句法形式,构成后置的能性述补结构。

　　吴福祥(2002)参考了前人的研究,认为"能性"的语义概念至少包含了五个语义次类,分别是:

　　(1)表示具备实现某种动作/结果的主观能力

　　(2)表示具备实现某种动作/结果的客观条件

（3）表示对某一命题的或然性的肯定

（4）表示情理上的许可

（5）表示准许

在现代汉语的能性助动词中，"能"是这个范畴里最具原型特征的，它的意义可以覆盖全部五个语义类别。而在汉语中，除了"能"之外，还有不少可以用来表达"能够、可以"意义的助动词，如"会""可""可以""可能""能够"等。

其中，"得（dé）"是一个较为特殊的词，它的能性助动词用法出现较早，到了近现代汉语中，其肯否定形式"得/不得 V"在南北官话之中使用不对称，肯定用法只保留于南京官话之中，而否定用法则在南北官话中都有使用。其组成的后置述补结构的肯否定形式"V 得 OC""VO 不 C"也是相对集中于南京官话而在北京官话中几乎未见。

一、能性助动词"得 V"

实义动词"得（dé）"①，本义为获取，据曹广顺（1995），先秦时期，"得"已经可以置于另一个动词之前，作为助动词使用，主要表示客观条件或事理上的许可。吴福祥（2002）认为，"得"作为助动词的用法在先秦时期已经萌芽，远早于其用作能性述补结构标记的用法。如：

> 故布衣皆得风议，何况公卿之史乎。（《左转·僖公十五年》）
> 孔子下，欲与之言，趋而避之，不得与之言。（《论语·微子》）

在词典中，也有关于能性助动词"得"的相关释义。如《汉语大辞典》：

> ［得］助动词。能，能够：孔子下，欲与之言，趋而避之，不得与之言。（《论语·微子》）；以是人多以书假余，余因得遍观群书。（宋濂《送东阳马生序》）；沛公军霸上，未得与项羽相见。（《史

---

① "得"在现代汉语普通话中是一个多音字，这里是指周法高构拟的 tək 音，中古音是端母，德韵，入声。

记·项羽本纪》)

《现代汉语词典》：

> ［得］助动词。用在别的动词前，表示可能这样（多用于否定
> 式）：水渠昨天刚动手挖，没有三天不得完。

可以看出，其中肯定用法的语例都出自古籍，而在现代汉语普通话中则几乎只有否定形式的用法。

但在一些方言词典中，仍然可以看见相关的词条释义。如《南京方言志》：

> ［才得］才能。明天才得做好。①

再看南京官话中"得"的助动词用法。在一些近代西洋人所著的汉语语法书中，就有相关解释，如教授南京官话的《华语拼字妙法》中关于"得"的词条释义有：

> ［得］To obtain. / Able to.
>
> 得 is a much use character. It is often used in combination with other characters where it is sometimes difficult to translate，and may not always be necessary to do so，but it always adds at least a shade of its fundamental meaning，*to obtain*. It is found in many peculiar and interesting idioms.
>
> It is used，(a) alone as a principal verb；(b) as an auxiliary verb；(c) sometimes with 不 to express something that ought not to be done，or must not be done.

---

① 虽然这是"才得"的词条，但是我们认为这可能更适合看作一个词组，是由副词"才"与助动词"得"组成的，姑且作为参考。

在其他近代南京官话语料中，我们也可以找到一些相关用法的语例。如：

[1]要得自强，必要人人有爱国的心。（《华语拼字妙法》p. 94:14）

If wish to become self-reliant，must every man have a patriotic heart.

[2]这样病最不好，快快到医院里医两回才得好呢。（《华语拼字妙法》p. 156:20）

This kind of disease is very bad，quickly go to the hospital and be treated twice，then can get well.

[3]《圣经》又说清心的人有福了，因为他们必得见上帝。（《华语拼字妙法》p. 192:24）

The Bible also says，"Blessed are the pure in heartm for they shall certainly see God."

[4]充满了圣灵。得胜了魔鬼。（《南京华言学堂课本》第十二课 信教缘由 第三段下）

[5]正在他还得说话的时候，他慢慢的往空中上去了，由一朵云给他遮住了，门徒再不得看见他了。（《英华合璧》p. 123）

[6]我从来没听见这些讲究，今日才得领教，真是如梦初醒。（《官话类编》生童考试 p. 720）

根据上述语料，我们可以分析得出，南京官话中的能性助动词"得"可以表达以下几类含义：a. 表示对某一命题的或然性的肯定，如例[2]；b. 表示具备实现某种动作/结果的客观条件，如例[3]；c. 表示具备实现某种动作/结果的主观能力，如例[5]。

王琳(2014)总结了能性助动词"得"在琉球官话课本中的使用情况，认为能性助动词"得"位于主要动词之前，表示客观条件的"可能"或情理上的许可，也是客观条件这个语义次类中最主要的能性助动词。"得"后的内容对于主语来说是受益的。其否定形式是对称的。普通话同类意思的肯定式要用"能＋动词"的格式表达，而否定式为"动词＋不＋助词"，如"能睡着/睡不着"，肯定与否定式是不对称的。

杨平（2001）认为，助动词"得"是从表示"获得"义的动词"得"演变而来的，它表示在未然的语境下，能够实现、达到某种结果。他还指出在现代汉语中也偶尔会有相关的用例。如：

家中养鸡不算少，生蛋换钱，除待客外是不许吃的，所以得吃一个鸡蛋，在当时也是一件大事。（张中行《流年碎影》）

在北京，他有幸得与中国佛教协会的净慧法师结下佛缘。（《释延王：出世入世一奇僧》，《南方周末》1998 年 2 月 27 日第 13 版）

由于这样的用例很少，我们也同意其观点，那么这种用法就很有可能是受到方言的影响而产生的。在现代汉语普通话中，有"得（dei）V"的搭配，多用来表示"必须"义，而用来表示可能的助动词"得（de）"则多由双音节词"得以"代替。

当然，在现代汉语共同语中，"得"的助动词用法其实还可以在一些熟语或者成语中窥见一二，如"得过且过""得饶人处且饶人"，李小华（2007）认为，"得"作表能性的助动词功能较弱，是因为受到了另外两个能性助动词"能"和"可"的打压，在竞争中处于弱势地位，被迫向结构助词转变，在使成式结构中逐渐变成了一个能性补语标记。

不同于共同语，在现代南方方言如粤语广州话、客家丰顺话、赣语宜丰话（邵宜，2007）、湘语长沙话（张大旗，1985）、湘语洞口话（胡云晚，2005）等方言之中，都有类似"得"作能性助动词的用法。如：

粤语广州话：你得好返，真系万幸咯。（你能恢复健康，真幸运。）

客家丰顺话：饭得熟。（饭会熟。）

赣语宜丰话：落口个大咯雨，佢得来吗？（下这么大的语，他会来吗?)

　　湘语长沙话:冒带房门钥匙,哪里得进去咧!(哪能进去哩)

　　湘语洞口话:日头大,衣衫才得干。(太阳光强烈,衣服才能干。)

　　可见,这种用法是从古代汉语继承下来的,并在如今的南方方言中得到了保留,仍在继续使用。我们可以看出在南方方言中,"得"用作助动词,几乎包含了上文所说的"能性"概念的全部语义次类。

　　这也符合汉语方言形成与发展的地域性规律,鲁国尧(2003)就曾指出:"江淮之间和江南古为一体,吴语区本北抵淮河,永嘉丧乱后,大量北方居民南迁,江淮间遂由吴语变为北方方言区。""江淮官话既有官话方言的特点,还有吴方言的特点,实质上是吴方言到官话方言的过渡区。"因此,由古代汉语继承下来的能性助动词"得",其实际使用情况,从南方方言中的覆盖全部语义次类,到南京官话中的可以表达部分语义次类,再到北方方言中的几乎没有这类用法,呈现出一个递减的过渡,是符合语言演变规律的。

二、能性助动词"不得 V"

　　不同于"得(dé)",助动词"不得(dé)"在现代汉语普通话中还是在继续使用的,在词典中也可以查到相关词条:

　　　　[不得]:不能得到,得不到;不能,不可。(《汉语大词典》,2007)

　　　　[不得]:不能;不可以:会场内不得吸烟/这笔钱任何人不得动用。(《现代汉语规范词典》,2004)

　　在《南京方言词典》中,也有相关词条:

　　　　[不得]:不可能、没法:他这个时候不来,不得来了。/光吃药不打针,你的病不得好。/清《儒林外史》十一回:当真姑爷不得

中,你将来生出小公子来,自小依你的教训。

在近代西洋人的南京官话著作中,也可以看到不少相关用例。当能性助动词"得"与否定词"不""无"等结合时,其所能表达的能性语义次类又增加了一些,可以用来表示具备实现某种动作/结果的客观条件。例如:

[7]得了好先生,不得不读书。(《华语拼字妙法》p.36:22)

[8]我(估/揣)摩着,他不敢去告,纵然就是去告,他也(不得占/占不了)上风。(《官话类编》第160课:19)

[9]立刻就打着他见信立时起行,这时候也(不得/来不)到。(《官话类编》第162课:10)

[10]他不得回去。(《英华合璧》p.33)

[11]这个帐大概不得错,我算过两遍。(《英华合璧》p.95)

[12]心里生疑惑的,说他不得来的也就不少。(《英华合璧》p.116)

还可以用来表示准许、能够。例如:

[13]我在中国不想上算不想买便宜,但是我也不得吃人的苦人也不敢给我苦吃。(《南京华言学堂课本》第四课 第二段下)

[14]救主的道理我不得忘记。(《英华合璧》p.109)

[15]我不得不依他。(《英华合璧》p.109)

[16]他不在这里,不用得再到这里来找他。(《英华合璧》p.122)

[17]不得异说;不得生端(《英华合璧》p.160)

[18]装运行李货物不得拦阻。(《英华合璧》p.186)

[19]此事两相情愿,无得异言。(《英华合璧》p.190)

[20]灵魂不消散吗。不得消散,必永远活着。(《英华合璧》p.198)

[21]我们不得不听主的吩咐。(《英华合璧》p.300)

结合肯定、否定两类情况,总体来说,南京官话中的能性助动词"得(dé)"包含了能性概念的大部分语义次类。

当然,在现代汉语普通话中,助动词"不得"的使用也较为常见。例如:

[22] 我们不得穿草鞋,也不得带着旱烟管。(老舍《集外·民主世界》)

[23] 和外国人做生意后,全厂上下不得不算 这样一笔账:电解铜多在厂里积压一个月,按现在的生产量计算,就要被罚款2500 到 3000 美元。(《人民日报》1990 年 4 月 17 日)

[24] 经认定存在知识产权侵权行为的企业或个人,3 年内不得承接政府投资项目、不得参与政府采购、不能获得政府奖励资助。(《人民日报》2017 年 11 月 17 日)

翟赟(2018)统计了这两种能性表达式在一些南北方言文学作品中的使用情况(表 3-1)[①]:

表 3-1　南北方言文学作品中得"V"与"不得 V"类能性表达式使用情况

作品 类型	绿野 仙踪	人中画	语言 自迩集	官话 指南	小额	平凡的 世界	白鹿原	活着
	南方	南方	北方	北方	北方	当代	当代	当代
得 V	16	12	0	0	3	0	0	0
不得 V	36	5	0	0	0	5	16	0

可以看出:(1)从地域来看,利用"得/不得 V"的句式来表达能性范畴多见于南京官话作品之中,北方官话作品中这种形式基本不用或很少使用,前置能性状中结构"得 V"也可以看作是南京官话的一个特征用法;(2)从现代汉语共同语来看,利用助动词"得"的相关句式来表达能性范畴,其

---

① 翟赟认为《绿野仙踪》《人中画》是近代南京官话作品,《语言自迩集》《官话指南》《小额》是近代北京官话作品,《平凡的世界》《白鹿原》《活着》代表当代文学作品。

肯定与否定形式似乎是不对称的,明显使用"不得 V"的句式更为常见,而"得 V"则几乎没有。

由于语言发展的不平衡性,能性助动词"得"在南京官话以及其他南方方言中得以保留,继承了"得 V""不得 V"的前置能性状中结构句式,这是不同历史时期的能性范畴的用法在近现代汉语方言中的残留。同时能性助动词"得"的肯定和否定两种不同的形式进入现代汉语共同语的程度有所不同,"不得 V"的句式在普通话中较为常见,可以看作是南京官话的表达传承到了现代汉语共同语之中。

三、能性述补结构"V 得 OC/VO 不 C"

岳俊发(1984)指出,"V+得+O+C"始见于宋朝,且使用相当普遍,直到清代仍有一些用例,但逐渐被"V+得+C+O"超越。蒋绍愚(1994/2005)指出,与"V+得+O+C""V+得+C+O"相平行的否定形式是"V+O+不+C"和"V+不+C+O",其中"V+O—不+C"自唐宋至明清的整个近代汉语阶段使用频率一直很高,占有较大的优势,而"V+不+C+O"的出现年代较晚,且使用频率也比"V+O+不+C"低得多。直到清代,"V+O+不+C"大量减少,"V+不+C+O"急剧增加,开始占绝对优势。

总结来说,就是在清代以前"V+得+O+C"和"V+O+不+C"的语序形式占主流,到了清代变为"V+得+C+O"和"V+不+C+O"的强势上升。这与述补结构基本式(VOC/VCO)的演变方向也基本一致。

这个规律从近代南京官话的资料中也可找到佐证。如:

(a)"V 得 OC"结构格式:

[25]我有个草头方儿,能治大病,(管许<u>医得他好</u>/管保给他<u>治得好</u>)便了。(《官话类编》第 190 课:22,原文南北方官话顺序可能有误)

[26]唐玉川是个财主,没人<u>赛得他过</u>,少不得房产中人先去寻他。(《十二楼·三与楼》第一回)

(b)"VO 不 C"结构格式:

[27]这样的嘴，我(<u>说他不过</u>/说不过他)。(《官话类编》第 41 课:11)

[28]他动起手来，几十人也打(<u>他不过</u>/不过他)。(《官话类编》第 94 课:16,原文南北方官话顺序可能有误)

[29]与其到底<u>胜他不过</u>，不如早早求和。(《官话类编》第 194 课:13)

[30]次日，文魁正到街上买东西，只见张四胖子忙忙的走来，大笑道:"一地里<u>寻你不着</u>，不想在这里。"(《绿野仙踪》第二十三回)

据吴福祥(2003)，在南方很多方言中仍然在普遍使用"V 得 OC"和"VO 不 C"的句式。例如:

徽语休宁方言:老王讲得小李过/老王讲小李不过

吴语开化方言:我捶得渠过/我捶渠弗过

客语连城方言:喊得佢醒/喊佢唔醒

湘语衡山方言:吓唎哪个倒(吓得倒谁)/我讲他不赢

赣语常宁方言:租得房子起/租房子不起

吴福祥认为，这类句式的产生时间应当不晚于唐五代，虽在清代共同语写成的文献中变得少见，却大面积地保留在了南方方言中，这可以说是唐代的历史语法形式在现代汉语方言中的投射。

岳俊发统计出明代的《古今小说》《警世通言》《醒世恒言》等五部作品中"V 得 OC"与"V 得 CO"的使用比例为 97∶43，而在清代的《红楼梦》《老残游记》《儿女英雄传》等作品中，这个比例发生了明显变化，变为了 8∶75；在否定句式方面，"VO 不 C"自唐宋起就更为普遍，到了清代，"V 不 CO"开始占多数。吴福祥统计了《元刊杂剧三十种》，其中"V 得 OC"的使用频率要远低于"V 得 CO"，从这个对比也可以看出，不同语法结构在汉语南北方方言中的使用情况截然不同。明代标准语原本就具有南京官话色彩，加上作者本身的吴语背景，其作品当然带有南方方言的语法特征，到了清朝，北京官话地位开始上升，而元杂剧的语法特点也是更偏向于北方方言，由此不同时期的文学作品中对这两种结构格式的不同选择也就反映出南北方言的不同之处。

结合以上论述，再根据我们所看到的近代南京官话的语料，我们认为可以将"V 得 OC"和"VO 不 C"结构格式看作是南京官话的特征表达式。

第二节　南京官话中的助动词"好"

我们注意到在南京官话中"好"有一种较为特殊的用法，可以用在动词前表示可以、能够的意义。《官话类编》里就有许多这样的用例：

[1]现在九点半钟<u>好</u>念书。（第一课 1-5）

It is now half-past nine o'clock：it is time to study.

[2]这个事情你不<u>好</u>/可告诉他。（第三课 8-17）

You must not tell him of this business.

[3]你的帽子，不<u>好</u>放在地下。（第六课 16-14）

You should not put your hat on the floor.

[4]你的钱不彀，不<u>好</u>对老板/跟东家借一点吗。（第八课 21-16）

If your money is insufficient，why not borrow a little of your employer?

[5]在那儿不<u>好</u>说闲话。（第九课 23-8）

It's not proper to gossip there.

[6]你不<u>好</u>拿下做人/当拿小人来比我。（第十二课 29-20）

You must not take me to be a mean fellow.

[7]粗的、细的不<u>好</u>合在一块儿。（第十八课 46-3）

It is not proper to mix the coarse and the fine together.

[8]自己不知道底里/底细，不<u>好</u>约摸着说。（第二十二课 55-23）

You should not speak at random when you do not know the bottom facts in the case.

［9］正上学的时候，不好出去玩玩/玩耍。（第三十一课 74-15）

During school hours it is not right to go out of school to play.

［10］我的镜子，这面好照人，那面好看画儿。（第三十三课 78-21）

This mirror of mine reflects your person on this side，and shows you a picture on that side.

［11］你好/该拿梅先生的秤砣玩/耍吗，快快的给他送回去。（第四十一课 97-9）

Is it right（proper）for you to take Mr. Mei's steelyard weight to play with? Return it to him at once.

［12］保子爹，孩子不肯/直闹，快来抱他去，我好弄/做饭。（第五十九课 147-17）

Pao-tsi's papa，the baby is very cross；come and carry him out while I get the dinner.

［13］好不容易/容易交一个朋友，你好/就轻易得罪他吗。（第六十九课 174-16）

Is it so easy to make a friend that you should lightly offend him?

［14］你去借条口袋来，我明天好去赶集。（第六十九课 174-17）

You go and borrow a bag，so that I can attend market tomorrow.

［15］他不给钱，我们不好上他馆子去请客，和他抵/顶账吗。（第七十课 177-15）

If he will not pay，suppose we get up a company and go to his restaurant and have a feast on account.

［16］这么着/怎么的，你再去问问他，他若是不去，我们好快走啊。（第八十课 209-12）

In this case，do you go again and ask him，so that if he is not going，we may go at once.

［17］你告诉我，我好给你饯行。（第八十七课 231-8）

Let me know that I may give you a send-off.

［18］正当吃饭的时候，不好上人家家里去。（第九十课 241-13）

It is not a proper thing to go into any one's house just at meal-time.

［19］这块蔓菁，大约再等七八天，就好拔了。（第九十六课 262-28）

After about seven or eight days more, this patch of turnips will be ready for gathering.

［20］已经讲定了价，不好再少给钱。（第一百零一课 276-4）

Having settled the price, it will not do afterwards to pay less.

［21］你不好寒寒缩缩/鄙鄙俗俗的，叫人看着不大方/官样。（第一百零七课 297-18）

You should not be bashful or people will think you are ill-bred.

［22］既然是个男子汉/大丈夫，办事说话不好婆婆妈妈/老老婆婆/婆婆娘娘的。（第一百十一课 311-24）

As you boast of being a man, you should not speak and act in an effeminate way.

［23］他本情是对不住你，你却不好直绝/绝不理他。（第一百二十六课 361-17）

He has treated you badly it is true, yet it is not right for you to utterly disregard him.

［24］他虽然长了十五岁，比起你来还是个孩子，你好动手打他吗。（第一百三十九课 404-11）

Although he is a youth of fifteen, yet in comparison with you he is but a child; does it become you to strike him?

［25］摸不着底细，你好望风扑影的说吗。（第一百九十五课 599-19）

Is it right for you to speak at random, when you are not

acquainted with the facts?

我们还查阅了相关的南京方言词典,其中对"好"的这种用法也有一些词条解释。例如:

> 《南京方言词典》第 150 页:[好]5 容易:他家很～找;6 便于,可以:先找个旅馆,～住下来/现在～下班了/这种病不～吃酒/你阿～帮我个忙! /软处～起土,硬处～打墙。
>
> 《南京方言志》第 218 页:情态副词[好]:义同"可以""应该",表示情况的许可和可能,例如:时候儿不早了,你～回家去了。/我阿～进来啊?

可以看出,这两个解释并不是分析得很明确,关于这个"好"字的词性、用法等,似乎都值得进一步进行研究说明。

首先,关于这个"好"的意义,两本词典的解释相差不大,都将其解释为表示一种允许、可能的意思。

其次,在词性方面,《南京方言词典》并没有给这个"好"作出明确的词性划分,而只有两个相关的义项及例句。《南京方言志》将这种表示可以、可能的"好"划分为情态副词,但是我们对《南京方言志》中的这种情态副词的说法持怀疑态度。

关于汉语中的情态副词,我们可以先看一看它的性质。

钱如玉(2005)总结道:"现代汉语中有这样一类词……用于动词性成分前,表示动作行为进行的方式、状态等情貌意义的专职的前加修饰词。这类词的称名有方式词、情状词、情态副词、描状副词等……""情态副词是一个较为特殊的词类,在语义上,更接近于充当描写状语的动词、形容词等,在语法分布上,却又完全符合副词的语法特征。"刘月华(1989)、王政红(1989)、孙德金(2000)、郭锐(2002)等都对动词作状语的情况做过考察。而能作状语的动词一般都是具有描述性的,因此在语义和语用上与情态副词十分接近。郭锐(2002)统计出仅有 1.3% 的动词在一般用法外,还可以不带"地"直接作状语,按照同质策略处理为动词兼副词,作状语时看作副词,如胜利、区别、持续、优先、讽刺、附带、抢先、着重、尽力、轮流等。张亚军(2002)则认为这些词仍具有动词的典型句法功能,可作谓语,它们出现在动词前是临时性的,并不体现情态副词的"专职性"。①

但是,南京官话中的这种"好"真的就是情态副词吗?

除了情态副词以外,在汉语中其实还有一种词类可以放在动词前修饰动作,表示可能等意义,那就是能愿动词,或者也可以称之为助动词。

在胡裕树主编的《现代汉语》中对此有相关定义:"表示可能的动词叫助动词。"而在黄伯荣、廖序东主编的《现代汉语》中,解释助动词是"能用在一般动词、形容词前边,表示意愿或可能、必要的动词,在句子里常作状语"。

早在《马氏文通》(1898)中就有对助动词的相关描述:"如'可、足、能、得'等字,则谓之'助动'字,以其常助动字为功也。"许多学者都从语义角度或是用法角度择其一对这类词进行了定义,如章士钊(1907)说:"助动词者,所以助动词也。"周法高(1961)认为:"助谓词,如可、得、能、足、敢,通常加在谓词的前面,修饰谓语,有时可以单说者省略它后面的谓词。"陈望道(1978)指出:"一般所谓助动词都是衡量或评议事理的趋势的,所以称为衡词。"张静(1981)认为:"能愿动词是表示可能或意愿的词。"胡裕树(1981)认为:"表示可能的动词叫助动词。"周秉钧(1981)认为:"助动词往往放在动词的前面帮助动词表达意义,不能作主要的动词,所以叫助动词。"吕冀平(1983)认为:"能愿动词是表示可能、必要、意愿等意义的词。"刘月华(1983)认为:"能愿动词多数表示意愿,少数表示可能。"王力(1984)定义:"词置于主要动词之前,以助其势者,曰助动词。"高名凯(1986)把此类词命名为"能词"并解释道:"所谓'能'就是说明历程或动作到底是属于可能或是属于应然,或是属于允许等等。"刘景农(1994)认为:"能愿词时在动词前表示可能、必要或愿望等意思的。"邢福义(2004)指出:"表行为或状况的可能性、必要性和意愿性。"

还有一些学者兼顾了意义与语法功能两方面,对汉语助动词进行了定义,如黄伯荣、廖序东主编的《现代汉语》指出:"助动词是能用在一般动词、形容词前边,表示意愿或可能、必要的动词,在句子里常作状语。"

---

① 钱如玉:《情态副词研究综述》,《语文学刊(高教版)》2005年第1期,第9—12页。

关于助动词的词性问题,各家也看法不一。如丁声树(1979)明确提出:"助动词就是一种动词。"刘坚(1960)认为:"助动词和动词是不同范畴的词……应该把它们分开。但是它们之间也有相同的地方,所以把助动词看作动词的一个附类是比较合适的。"另外,吕叔湘、马庆株、马建忠、黎锦熙、邢福义、张志公、赵元任、李临定、梁式中等学者也都持类似观点。朱德熙(1982)将动词分为六类,分别是及物动词、不及物动词、体宾动词、谓宾动词、名动词和助动词,他认为"助动词是真谓宾动词里的一类"。

也有一些学者将这类词归为副词类,如杨伯峻(1981)在《古汉语虚词》中认为:"助动词和副词可以不必区分。'可以''应当'之类的词,都可以看作副词。"陈承泽(1982)在《国文法草创》中也把能愿动词归入副词类别中。吕叔湘(1982)在《中国文法要略》中把"能、得、会、可、必、足"归入"限制词"(副词)里的"判断限制"类。

另外还有一种分类方法,就是将助动词从动词或副词中单独拆分出来列为一个新的类别,如胡裕树(1981)把助动词从动词中独立出来,同时指出:"助动词常用来修饰动词和形容词(这一点跟副词相同),有时候单独充当谓语(这一点区别于副词)。"文炼(1982)也认为"会、能、敢、该"等是动词的一种形态标志,应该从动词中分立出来。高名凯(1986)使用了"能词"的说法,并认为应把它单列一类。

从理论上来讲,能愿动词作为一个封闭的类,其成员数量应当是一定的,但是事实上却是众说纷纭。[①]

对比总结来说,汉语中副词与助动词都可以用来修饰动词,都可以在句子中充当状语,但是它们的不同之处就在于副词还可以用来修饰形容词,作为限制词,并且可以充当补语,而助动词则既不可以修饰形容词,也不可以用作补语,它只能和动词搭配,表达句法结构或者能愿语气。这样看来,相较于情态副词,南京官话中的这个"好"应当是更接近于助动词的类别。

接着,我们来分析南京官话中的助动词"好"的具体用法。从上述语例

---

① 杨阳:《现代汉语助动词研究回顾与探析》,《临沂大学学报》2011年第5期,第111—114页。

中,我们可以看到,如例[2]"这个事情你不<u>好</u>/可告诉他",例[11]"你<u>好</u>/该拿梅先生的秤砣玩/耍吗,快快的给他送回去",以及例[13]"好不容易/容易交一个朋友,你<u>好</u>/就轻易得罪他吗",这几个语例都是南北官话使用词汇不同的对照的用法,"/"前是南京官话的用词,"/"后是北京官话的用词,可以看出南京官话中这个"好"的语义可以对应至北京官话中的"可""该""就"等词。例[2]中语句的意思是"这件事你不可以告诉他",这里的"好"表示"可以"的意义,例[11]语句的意思是"你应该拿梅先生的秤砣玩吗",句中的"好"表示"应该,被允许"的意义,例[13]语句的意思是"你能轻易得罪他吗",其中的"好"表示"能够"的意义。这些都是汉语助动词常见的意义,只不过在南京官话中可以使用"好"字来代替诸如"可""该""就"等词。

我们还可以换个角度,从外部的客观条件和内部的主观心理两个方面来看这个"好"的不同用法。

一方面,例[3]、例[4]、例[5]等都是人的主观心理意愿导致的"允许、能够"等意思。例[3]中,帽子其实是可以放在地上的,但是这里的不能放是由于人的主观意愿不想要将其放在地下。例[4]钱不够是可以去向老板借的,客观来讲老板是有这个钱可借的,但是之所以说"不好去借",是因为作为道义或其他一些主观原因"你"不可以去做这件事情。再如例[5],同样,客观来讲是可以在任何地方讲话的,但是之所以说"不好在那里说闲话",也是因为一些人际等原因导致不能够在那儿做这件事情,而并非客观上的没有办法在那儿做这件事情。

另一方面,在例[10]、例[14]、例[19]等例中"好"所表达的是外部客观条件导致的"可以、能够"义。例[10]是说这面镜子的两面一面可以照人,一面可以看画,这并不是随"我"本人的意愿而生出的镜子的功能,而是镜子原本客观就存在的功能。再如例[14]我明天可以去赶集是因为有了口袋,这是我去赶集的一个客观条件,并不是我的主观意愿说可以去就可以去的。同样,例[19]可以拔是因为蔓菁长出来了,否则仅凭个人的想法也是没有办法实现这个动作的。

总之,在语法功能方面,南京官话中的"好"字可以在句中充当助动词用来修饰谓语;在意义方面,这个能愿动词"好"可以表达两个方面的可能性或必要性:一是从客观条件来看,表示外部应允的可以;二是从主观心理来看,表示内部发起的能够。这个助动词"好"也可以看作是南京官话的特征之一。

本章小结

目前关于南京官话的研究成果大多集中在语音、词汇等方面,关于语法的研究成果还不是很丰富系统。在这一章,我们从语法角度着眼,充分利用域外文献和本土文献,试图通过对这些材料的分析对比,找出南北官话在语法上的一些区别性特征,并加以总结。

在语法方面,我们尝试总结出一些南京官话的"区别性特征",包括:(1)前置状中结构的"得 V""不得 V"在南北方言中的使用频率差距较大,可以看作是南京官话的特征之一;(2)后置述补结构的"V 得 OC""VO 不 C"几乎未见于北方方言作品中,可以看作是南京官话的特征句式之一;(3)现代汉语普通话中会使用"不得 V"的形式,这可以看作是南京官话的特征语法形式向汉语共同语渗透的结果;(4)南京官话中可以用"好"在句中充当助动词用来修饰谓语,既可以表示外部应允的可以,也可以表示内部发起的能够,这个助动词"好"也可以看作是南京官话的特征之一;等等。

当然,我们目前所做的工作还远远不够,仍缺乏对南京官话语法特征的系统性总结,这也是我们在今后的研究中要努力的方向。

第四章　从语义地图理论看南京官话相关词类的语义关联和虚化轨迹

在研究汉语方言或官话语法时，我们认为类型学的语义地图理论是一种比较合适的研究方法。在本章中我们就将使用这种方法，对南京官话中的"把"以及替代类连-介词"替""代/带""告"等进行研究，尝试制作其语义地图，并对它们的词义演变以及虚化等过程进行探究。

第一节　语言类型学与语义地图

一、相关理论介绍

语言类型学是具有自身研究范式的"语言共性与语言类型研究"，刘丹青（2003）认为，它的特点就是必须具有一种跨语言（及跨方言、跨时代）的研究视角。语言类型学认为，对人类语言机制和规则的任何总结概括都必须得到跨语言的验证，而对任何具体语言的"特点"的研究也必须建立在跨语言比较而得到的语言共性和类型分类的基础上。类型学的特有研究对象就是人类语言间的共同点和差异点，而其特有的研究方法包括语种库（language sample）的建立以及语种均衡性的追求、参项的选择、相关语言要素或语言特征间的四分表分析及其空格的发现、绝对共性和蕴含性共性的建立、对跨语言的优势现象（prominence 或 priority）和标记性（markedness）的总结、将蕴含性共性串成系列的等级序列的建立、基于大规模语种库统计的和谐型（harmony）的总结、对共性或倾向的解释等。

刘丹青（2003）就认为，"单从语言学理念来看，类型学应当比形式学派甚至功能学派更具有与汉语语言学的亲和力"。无论是形式学派还是功能学派，都是从假设出发，接着再进行相关研究。语言类型学则是讲究实证，在调查前不提前假设任何东西，从材料出发，提倡归纳推理。

随着全球文化语言交流的不断深入，汉语语言研究也逐渐受到西方语言学理论的影响，开始出现了多样化的研究趋势。语言学家们不再满足于单一语言纯粹共时的描写，跨方言、跨时代乃至与少数民族语言的语法比较逐渐兴盛起来，这些研究大都具有类型学的理论背景。这越来越多的汉语类型学研究与愈加丰富的成果也传达出这种理论适用于当今汉语研究的和谐性。

语言类型学和汉语语言学的结合，可以说有着非常广阔的发展空间。对外来说，汉语作为一种使用人口巨大、研究队伍庞大、在类型学上具有一定代表性的语言，完全可以成为语言类型学比较重要的一种主干支撑语种，有条件为全球范围的语言类型学作出独特的贡献。对内来说，中国广袤大地上保存有多种多样的方言、民族语言乃至古今汉语，对这些不同语言之间或同一语言内部也可以进行各式的共性与个性的归纳研究，这些跨方言或跨时代的比较必定会获得富有价值的发现，还可以进一步扩大语料库的多样性，为之后更大范围的跨语言比较奠定基础。

语义地图模型（semantic map model）是近年来兴起的一种语言类型学研究方法。它是研究语法形式的适用范围和多功能语法形式的语义关联或演变的一种很好的方法，同时还可以很好地反映语法形式的过渡现象以及不同语法形式之间的参差性。

语义地图理论的运用涉及几个比较重要的概念。

第一个是"概念空间"（Conceptual Space），这是指通过跨语言比较建立起来的普遍的语义空间，是语言中的特定编码形式（语法语素、语法范畴、句法结构及词汇形式）的不同功能及其相似关系构成的几何型概念网络。概念空间由节点和连线两部分组成，节点代表不同语言中对应或相关语法形式的不同功能，连线表示两个功能之间的直接关联。

第二个较为重要的概念是"语义地图"（Semantic Map），与概念空间不同，语义地图是针对特定语言而言的，它是特定语言相关编码形式的多功能模式在概念空间上的实际表征，体现的是不同语言对同一概念空间的不同切割方式。

总结来讲，概念空间就是底图，而从中切割出来的语义地图表征是特定语言对应或相关的多功能语素在语义关联模式上的变异类型。

第三个比较重要的概念是"语义图连续性假设"（Semantic Map Connectivity Hypothesis），这个假设认为任何与特定语言及/或特定构式相关的范畴必须映射到概念空间内的毗连区域（connected region）。

二、语义地图理论与汉语研究

传统汉语历史语法的语法化研究方式往往是用大量的历时语例来推导出某个实词向虚词的演化路径，但是在方言语法或跨时代汉语变体的调查研究中，我们可以感受到这种理论在实际运用时的局限。首先，在研究材料方面，我们认为仅局限于某一种特定方言或特定时代的语料是比较难以剥离出来的；其次，由于大多数方言或汉语变体并不拥有自己的文字，那么在记音符号的选择方面，就难以对语素的多义性或是同音性的区分作出判断，这也将直接导致对语法化演变路径描述过程中语例的错误选择，进而导致最终结果的谬误。

从目前来看，语义地图理论可以较好地解决这些问题。

首先，具有两个或以上意义/用法/功能的语法形式主要包括虚词（功能词）和语法构造两大类。虚词一般来自实词，其语法化往往会形成复杂的链条，故常用虚词一般都具有相互关联的多种用途和功能，而语义地图模型的研究对象就是这种语法领域里的"同形多义"。

其次，就汉语整体乃至世界语言的研究而言，从单个语言的差异性数据中完全可以提出有关蕴涵共性的假设。张敏（2010）提出，类型学所必需的差异性资料可以在单个汉语变体（如普通话、某个方言或某个历史变体如上古汉语）里求得，而不同汉语变体之间的比较自然会给我们带来更为丰富的差异性数据。

在运用语义地图模型处理同形词的多功能语法形式的兼用资料时，可以先不管这些形式的来源为何、其多种兼用功能是具有内在关联还是偶然同音的结果等，也就是说，可完全就语料所呈现的兼用模式做多重变量分析，在得出结果之后，若有需要，再从"高端"的角度对之进行调整或作出阐释。这也就快速地解决了方言或汉语变体的语法研究中多义与同音难以区分以及特定词汇相关语料无法穷尽考察等问题。

与其他角度的类型学研究相比,取样不足或不均衡对语义地图研究所得结论准确性的影响相对小得多,也就是说,即使资料有限,一样可以得出表征蕴涵共性假设的语义地图。但最终还是应该在更大范围内引入不同类型语言的语料以检验其合理性并提升其准确性和预测力。

运用语义地图理论来进行词汇语法分析研究的具体操作的基本思路可以概括为:某个语法形式若具有多重意义/用法,而这些意义/用法在不同语言里一再出现以同一个形式负载的现象,则其间的关联绝非偶然,应是系统的、普遍的,可能反映了人类语言在概念层面的一些共性。这种关联可基于"语义地图连续性假说"(The Semantic Map Connectivity Hypothesis),将之表征在一个连续的区域(即概念空间)里。也就是说必须符合 Croft(2003)提出的"与特定语言及/或特定构造相关的任何范畴必须映射到概念空间里的一个连续区域"。

张敏提出:"对汉语研究者而言,最切实可行的做法乃是一种'自下而上'(bottom-up)、'由近及远'的比较方式:从单个方言的内部比较开始,逐步扩展到一片、一区的方言乃至全国的方言,若行有余力则再将汉藏系其他语言纳入考察范围,并逐步扩展到世界其他语言。在自下而上的每一个层面,通过比较都有机会找到蕴含性的规律,并通过建构语义地图提出共性假设。"

第二节　南京官话中的相关词类语义地图

目前海外类型学界已有的语义地图研究大多还未涉及汉语,只有少数基于大规模语种库、取样均衡的大型研究,如 Haspelmath(1997)和 Croft & Poole(2008)的研究,其语料库中包含了汉语,但也仅限于汉语普通话。因此我们认为将这一理论方法引入南京官话以及汉语方言的研究中可能会得到积极的结果。

郭锐(2015)利用语义共时演变模型分析多义虚词的多个义项之间的语义关联和演变方向的依据,指出语义演变不是任意的,而是有规律的。从这一点来说,共时语义演变模型与语义地图模型是相通的。那么,我们就可以根据这种规律,来推演语义演变的路径,从而建立多义虚词内部不同义项之间的语义关联。

实际上,多义虚词是观察语义虚化和再虚化,特别是正在发生的语义再虚化(语义扩展)的最好材料。在那些相邻的几个义项产生的时间间隔较短的情况下,根据历史语料往往难以对其演变关系作出判断,而只能根据共时语料推断演变关系。

一、南京官话中的"把"字语义地图

本节以南京官话中的"把"字为例,尝试制作相关语义地图。

我们选择的底图是张敏(2009)选取湖南省 50 余种方言得出的部分间接题元的语义地图。

在这张语义地图上,节点共有六种:"伴随者 C(Comitative)"(如"跟他一起玩")、"受益者 B(Beneficiary)"(如"给她梳头")、"处置式受事 disposal P(Patient)"(如"把玻璃打碎了")、"并列项 Co(Conjunctive)"(如"张三和李四")、"工具 I(Instrument)"(如"用叉子吃饭")、"人类目标 human G(Goal)"(也即"接受者"和"指人动作方向"的合并)。这些节点连缀而成的语义地图如图 4-1:

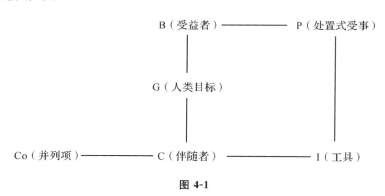

图 4-1

我们可将图 4-1 作为底图,然后尝试将南京官话"把"字的相关语例用法带入,制作相关语义地图并进行验证。

[1] 叫他去把水拿来把我。(《华语拼字妙法》p.30:26)

这里的"把"是介引"人类目标 G"成分。

　　[2] 你求求他的情，请他把这件事做到家。(《华语拼字妙法》
p.82:22)

句中的"把"是介引"处置式受事 P"成分。

基于语义地图连续性假说，上面的语义地图其实有这样的蕴含共性假设：若某个语言/方言里的某个语法形式可充任人类目标(G)标记和处置式标记(P)，那么它一定也能充任受益者(B)标记。

我们可以在南京官话语料中寻找介引受益者成分的"把"。如：

　　[3] 换把你。/不借把你。(《官话类编》第 25 课)

但是我们又发现，图 4-1 并不能完全概括南京官话中"把"的所有语义功能。于是，我们需要一张更为详细的底图。

张敏(2008)在 100 多个汉语方言点语法资料的基础上，以 Haspelmath (2003)的"工具语及相关角色的语义地图"为基础，构建了汉语方言被动(施事)、使役(受使者)、处置(受事)、工具、接受者、受益者、伴随者、来源、方所等关系角色的语义地图(图 4-2)。

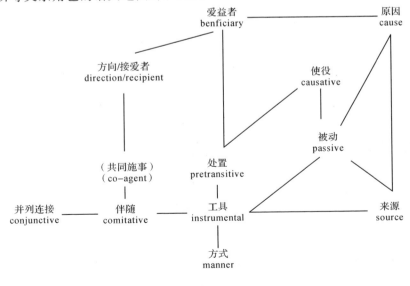

图 4-2

有了这张节点更丰富的地图,我们便可以加入更详尽的南京官话"把"字用法。如:

[4] 把我的一本书拿来把先生,请他教你。(《华语拼字妙法》p.34:26)

语例[4]中的第一个"把",应当是来自给予义动词的使役标记,也即语义地图中的"使役"节点。

语例[4]中的第二个"把",这里的"书"并不能给后面的"先生"带来什么益处,"先生"应当是后面实义动词"教"的动作施事者,所以"把"在这里应当介引的是"与事者",也即语义地图中的"共同施事"这一节点。

综上所述,我们可以画出目前我们所见到的南京官话中的"把"的语义地图(图 4-3 虚线):

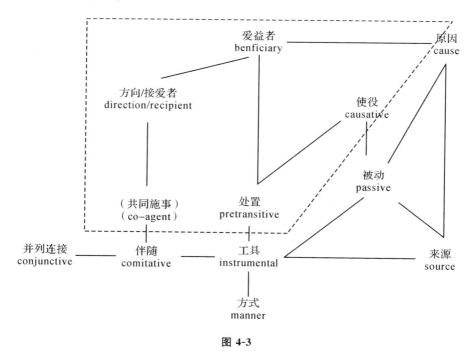

图 4-3

我们还可以从语义地图这个角度来探讨"把"的处置式标记的来源问题。

　　张敏提出,可以根据语义地图大致确定汉语处置式标记的类型学地位。陆丙甫(2001)比较了动词之后的宾语和处置介词所带宾语之间的差别,认定处置式宾语的有生性和指别性要高于动词宾语,这与语义地图中处置式受事处于受益者(有生性)和工具语(指别性高)之间的位置相吻合(实际上我们认为"有生性更高"这一特征可能需要进一步讨论,但"指别性更高"是比较能够确定的)。所以也就排除了处置式标记与其他标记的直接关联。

　　他认为,一部分汉语变体,如上古-中古-近代汉语的"以、把、将",官话、湘语、赣语、吴语、徽语、闽语、粤语部分方言的"把、拿、担、捉、掇、逮、捡、提、掠、拧、械"等处置式标记,要么来自工具语标记(其前身大多为表持拿义的动词),要么直接来自表持拿义的动词;另一部分汉语变体,主要是南方话,如湘语、徽语、吴语、客家话、闽语中的"帮、替、与、给、共、个、伴、搭、挨、畀"等处置式标记,要么直接来自受益者标记("帮、替"之类),要么来自其他各种来源(如伴随者标记等),但最终发展出受益者标记用法并由此发展为处置式标记。这一发现就可以排除了汉语方言学界提出的其他一些可能,如处置式标记与给予动词、伴随者标记、被动标记等直接相关的可能性。

　　这个结论从语法化的相关演化路径也可以得到验证。如:

　　　　[5] 一大半把他。一小半把我。(《华语拼字妙法》p.38:26、27)

　　　　[3] 换把你。(《官话类编》第 25 课)

　　　　[6] 把饭摆上来。(《华语拼字妙法》p.120:17)

　　在语例[5]中,"把"应当是一个动词,表示"给予"。直接就有结构:"'把'＋N.",在这之中,"把"完全是一个动词,是一个实词。

　　而语例[3],是一个"V.＋'把'＋N."的结构,其中的"把"既可以分析为连动结构中的一个动词,也即"换了给我";也可以分析为动词"换"后面的一个介词,标记受益对象。此时的"把"处于实词虚化的过程当中。

　　而到了语例[6],这就明显是一个处置标记了,我们可以认为此时"把"的语法化过程已完成。

　　显然,语例[5][3][6]的语法化程度是不同的,语例[5]是动词,语法化程度最低;语例[3]介于动词和介词之间,语法化程度略高于[5];语例[6]是介词,语法化程度最高。所以就有这样一条语法化链条:[5]→[3]→[6]。再把它对应到语义地图当中,也即"方向/接受者"→"受益者"→"处置"这样一条路径,可见"方向/接受者"与"处置"并非直接相连,而是需要经过"受益者"这个节点的过渡,两种方式所得出的结论是一致的。

另一个可以讨论的是汉语的被动施事标记的来源问题,也即"把"作为被动标记的用法。第一,这一用法最直接的是来自"遭受义动词"(如"被、挨、吃"等),与本语义地图中无兼用功能;第二是来自"原因"标记(如"为");第三是来自"来源"标记(如"于");第四是来自"使役"标记(如"让、叫、给、把"等);第五是来自"工具"标记(据张敏,工具语标记如俄语的工具格尾"-om"在古今汉语中无此例,可忽略不看)。所以如果想要考察被动标记的来源,从语义地图中看,脉络十分清晰。

再进一步,"使役"标记的"把"发展成为可以介引"施事"标记表示被动,从理论上来看已经是可以成立的了。我们目前在已整理的南京官话资料中尚未发现这种用例,但是笔者本身的方言是扬州方言,与南京方言同属江淮官话区。在扬州方言中,是存在这种用法的,如"我把狗咬了(我被狗咬了)"。我们可以进行合理猜测,南京官话中可能也可以找到"把"的这种标记被动施事的用法。

二、南京官话替代类连-介词语义地图

江蓝生(2012)提出了"连-介词"的语法范畴,它是指介词中像"和、跟、同"等这类既能介引关涉对象又能兼作并列连词的一类词。例如南京官话中的"替""代/带""告"就属于同时具有连接功能和介引功能的连-介词。

a."替"

"替"本义为废弃,后出现"代替"的动词义项以及进入连谓结构"VP1+NP+VP2+(O)"的句法环境,为"替"的虚化创造了条件。"替"的介词用法在近代汉语中比较活跃,据冯春田《近代汉语语法研究》(2000),"替"作介词的用例始见于唐代,宋时仍不多见,元明时期开始大量使用。

《南京方言词典》中有相关词条:

　　[替]（1）动词，代替、替换：我抬得累死了，你来～～我/他今儿个害病了，这个人～一下子；（2）介词，表示服务对象：我肚子疼，你～我看看是什么毛病/坐着，我～你去盛饭/你～他多搁点儿辣。义（2）更通俗的说法是"代（1）tae"

李晓琪（1995）指出，"给、为、替"都可以引进服务对象。如：

　　这里的风景真不错，你给/为/替我们几个照张相吧。
　　妈妈给/为/替我买了一条裙子。
　　一位中国学生给/为/替我修改了作文。

在这些用例中，三个介词皆可替换，似乎并无语义上的差别。但我们发现在泊园文库版的《官话指南》中却有不少特意将"给"置换成"替"的语例。如：

　　[1]兄台请上，我给/替您拜年。（泊园文库《官话指南》2-4-16-5）
　　[2]所以我今儿个特意给/来替您道喜来了。（泊园文库《官话指南》2-5-16-14）
　　[3]我过几天给/替您拿来罢。（泊园文库《官话指南》2-7-18-6）
　　[4]托我把他这地亩，园子给/替他典出去。（泊园文库《官话指南》2-8-18-17）
　　[5]若是您愿意典过来，我可以给/替您办办。（泊园文库《官话指南》2-8-18-18）
　　[6]我打算求您给/替我举荐。（泊园文库《官话指南》2-10-20-17）
　　[7]是您自己卖给客人么。不是，都是经纪给/替卖。（泊园文库《官话指南》2-12-23-9）
　　[8]他再三的求我，给/替他办这包果子的事情。（泊园文库《官话指南》2-13-23-21）

[9]我可以给/替你们拉这线。（泊园文库《官话指南》2-13-23-22）

[10]若是他还愿意在本馆子里耍手艺,也是给/替他开出工钱来,按着伙计一个样。（泊园文库《官话指南》2-14-25-22）

[11]我托您给/替我买一个醒钟,您给/替我买了没有。（泊园文库《官话指南》2-14-26-1）

[12]各铺子里都给/替您找了,没有。（泊园文库《官话指南》2-14-26-2）

[13]若是有,他回来的时候就给/替您带来了。（泊园文库《官话指南》2-14-26-3）

[14]给/替先生沏茶。（泊园文库《官话指南》3-2-57-6）

[15]给/替老爷雇车去。（泊园文库《官话指南》3-5-59-14）

[16]再去吩咐厨子,不必给/替我预备饭,就给/替我熬一点儿粳米粥。（泊园文库《官话指南》3-7-60-17）

[17]那么你给/替我擦干净了罢。（泊园文库《官话指南》3-16-69-4）

在《官话类编》中也有相关的对比用法。如:

[18]可以替/给我拿一壶开水来。（《官话类编》第25课62-2）

[19]你自己不会写,我替你写。（《官话类编》第25课62-4）

[20]耶稣替万人赎罪。（《官话类编》第25课62-8）

[21]你替/给我衲鞋底,我替/给你帮褂子。（《官话类编》第25课62-11）

[22]王先生替我代了一个月的馆。（《官话类编》第25课62-13）

[23]我自己不能定规,请你替我拿个主意。（《官话类编》第25课63-17）

[24]凡律法当遵守的,他都替我们守完全了,当遵行的,他都替我们行完全了。（《官话类编》第110课305-26）

另外,在一些南京官话资料中,介词"替"的多种用法也较为常见。

在《华语拼字妙法》中有用例。如:

[25]我今天不好过,要请个替工去替我做事。(《华语拼字妙法》p. 150:10)

[26]耶稣替人死,所以我们应当相信他。(《华语拼字妙法》p. 150:11)

[27]你替他做事要做得好,他就欢喜了。(《华语拼字妙法》p. 150:19)

[28]你替我把几件衣裳包起来,我现在不穿了。(《华语拼字妙法》p. 178:9)

[29]替我拿经折子上街去买东西。(《华语拼字妙法》p. 178:14)

[30]我的心很软,只要看见苦人,便要替他想法子,帮助他些才好。(《华语拼字妙法》p. 200:17)

在《南京华言学堂课本》中有用例。如:

[31]所以要买东西必要请人替你去买。(《南京华言学堂课本》第四课)

[32]你替我把箱子里头的衣裳拿出去晒一晒。(《南京华言学堂课本》第七课)

[33]我替小孩子洗衣裳。(《南京华言学堂课本》第八课)

[34]你有工夫就替他们补一补。(《南京华言学堂课本》第八课)

[35]你替我拿出来。(《南京华言学堂课本》第八课)

[36]我还要你替我去换洋钱。(《南京华言学堂课本》第八课)

[37]我要你替我做一条裙子,替先生做一件大衣。(《南京华言学堂课本》第八课)

[38]你请先生来,替他量一量,开一个尺寸。(《南京华言学堂课本》第八课)

[39]不合身就替你从做。(《南京华言学堂课本》第八课)

［40］你替我包起来。(《南京华言学堂课本》第八课)

［41］你先替我把东西送到等船上去等我。(《南京华言学堂课本》第九课)

［42］你替我把箱子行李搬上去。(《南京华言学堂课本》第九课)

［43］要请医生替他看一看。(《南京华言学堂课本》第十课)

［44］那么就请医生替我开刀吧。(《南京华言学堂课本》第十课)

［45］流他的宝血替我们洗的干干净净。(《南京华言学堂课本》第十一课)

［46］才将独生子赐给世人,替世人赎罪。(《南京华言学堂课本》第十一课)

［47］那一个来替他们医治呢。(《南京华言学堂课本》第十一课)

［48］我才抱定了替主作见证的宗旨。(《南京华言学堂课本》第十二课)

［49］并且替诸位不信道理的人,设身处地的想一想。(《南京华言学堂课本》第十二课)

由此看来,从地域方面来看,"替"和"给"确实存在实际使用上的选择差异,北京官话多用"给",而南京官话倾向使用"替"。

体现连接功能并列连词的"替",其前后连接项既可以在一个小句中,也可以分居两个小句,用逗号隔开。如(语例出自翟赟、濑户口律子):

［50］虽是这样讲,今日蔡先生替郑先生两位,是才到这里的,那有不送的理。(《白姓官话》)

［51］阮先生替各位先生请进。(《白姓官话》)

［52］凡有中国飘来的船,替那到中国进贡的船,都是用久米府的人做通事,所以要学官话,才会替国王办得事情。(《白姓官话》)

［53］我们替通事,才相熟了,通事又要回府,叫我们怎么舍得。(《白姓官话》)

而介词"替"是一个多功能词,可以介引多种不同类型的对象。

翟赟(2015a)在张敏(2008)以及郭锐(2011c)的基础之上,考察了 55 种语言/方言,绘制出以并列为核心的"和"义词的概念空间,并在其中划分出南京官话"替"的语义地图模型,如图 4-4:

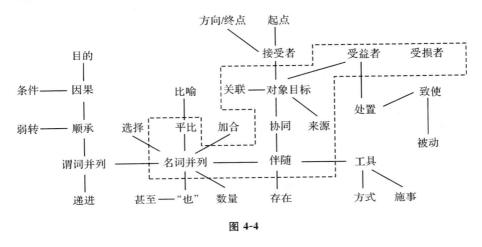

图 4-4

可以看出"替"有 9 种介引功能,我们都可以在之前的语料中找到其对应的用法。

介引替代对象:

　　我今天不好过,要请个替工去<u>替</u>我做事。(《华语拼字妙法》)

介引比较对象:

　　江南地方<u>替</u>这里差不多的。(《白姓官话》)
　　这样看来,替我中国的龙船,差不多一样。(《白姓官话》)
　　用的钱,替中国一样么。(《广应官话》)

介引服务对象/受益者:

　　那么就请医生<u>替</u>我开刀吧。(《南京华言学堂课本》)
　　通事才来,就这样替我们操心,感谢不尽。(《白姓官话》)

介引共同施事：

替你们做邻居可好么？（《白姓官话》）

我替你是个主顾家。（《广应官话》）

介引目标对象：

兄台请上，我给/替您拜年。（泊园文库《官话指南》）

烦劳兄弟，替令姐夫说一声，弟所点的，差错处很多。（《白姓官话》）

我替你讲话，你总不听我。（《广应官话》）

介引伴随者：

我替他一起回去也好。（《白姓官话》）

今日没有事情，替你去外头玩玩。（《广应官话》）

介引关联对象：

你不见了银子，替我何干。（《人中画》）

虽是这么说，我们国王送给你们吃的，就是替你们的都一样。（《白姓官话》）

介引受损者：

这头亲事，爹爹原替我配错了。（《人中画》）

介引来源：

我家父母，自会替你要人。（《人中画》）

综上所述,相较于南京官话中十分丰富的介引功能,在北京官话中"替"几乎只介引受益者,这可以看作是区分南北官话的一个特征词。

b."代/带"

另一个南京官话中较有特色的多义连-介词是"代/带"。

在《南京方言志》中有:

[带]（1）义同"跟",含有一种附带意义,例如:你阿～我玩啊?/我们不～你玩。（2）表示一种允许的意义,例如:～我来一盘儿。（要求被允许来一盘棋,打一盘球）/你～他也算一个。（3）义同"把",其宾语是后面动词的受事者,整个格式有处置的意思,例如:～门关起来。/他才将～我吓一跳。/快过来,小心上面东西掉下来～你砸死了。

另有[代]:义同"给"义2（引进命令的发出者,表示一种严厉的口吻）,例如:你～我滚出去。/你～我死一边去。

我们认为这两个词虽然用了不同的字形,但是发音相同,极可能是指同一个词,只是记作了不同的记音符号。

在《南京方言词典》中有:

[代]介词。（1）表示服务对象,相当于普通话"给、替、帮":天快冷了,我～你织件厚毛衣/我到那边去一下子,你～我看一下摊子/你不要来～儿子说情/你去～客人倒几杯儿茶。（2）表示说话的对象,相当于"给、对":我～他讲过的,他不肯听诶!/这道题我不大懂,你～我解释一下。（3）表示容许,相当于"给、让":你顽了好一会儿了,～我也来几盘儿你死抓着个望远镜,～人家也望望（口筛）祈使语气词!（4）表示波及的对象,相当于"以至于、连":他们吵了一夜,～我觉都没睡好/他本来想去的,你老喊没得意思,～他也不高兴去了。（5）表示共同活动的对象,略近于"跟",兼有愿意的与其,只用于少数动词:你阿～我顽?——你这么赖皮,我不

～你顽了。义（1）近似代替之"代"，义（4）近似连带之"带"，有些义与二者都有联系，这里一律作"代"，也作"带"。

马贝加、陈伊娜（2006）指出，在瓯语中，作为介词的"代"具有六种功能：引进交互者、言谈者、所为者、所对者、处置者和求索者。她们认为瓯语介词"代"或许是南部吴语受北部吴语和江淮方言的影响，以"同义替换"的方式而接受的代词。也即当北部吴语影响力增强，南部吴语需要一个与"替"同义的介词时，"代"成了最好的表层形式。

根据我们目前所收集到的资料来看，南京官话中关于"带（代）"的介词用例不多，多是连词，表示名词的并列。

如《官话类编》：

> ［带］A girdle，-together with，and，including
>
> 连他带我都受了伤。（《官话类编》第一百十课 306-3）
>
> 姜大兴如今赌起钱来喇，把房子带/连地，都输净了。（《官话类编》第一百十课 306-17）
>
> 今天我要拾掇客堂，可以将里头的椅子，和桌子，连小床，带书架子，以及所有零碎的东西，都搬到厦檐底下去。（《官话类编》第一百十课 308-32）

根据词典及方言志中的词条解释，可见除了连词的用法，介词"代/带"在南京官话中用法也较为丰富，可以总结出以下功能：介引伴随者、介引处置对象、介引受益者、介引受损者、介引目标对象、介引共同施事、介引来源。

体现在语义地图中可表示为图 4-5：

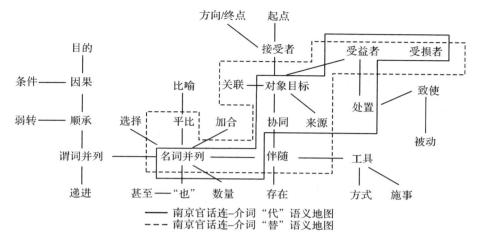

图 4-5

c. "告"

另外一个较有特色的南京官话连-介词是"告"。在《南京方言志》中有：

连词［告］表示联合，与"和"义同，如：我～他两人都是红花村的。/我就欢喜～你一起玩。

介词［告］这是一个多义的介词。（1）义同"跟"，引进比较异同的对象，如：柜台～我一般高。/他的脾气从小就～他爸爸一个样。（2）义同"同"，例如：我成年～医院打交道。/我非要～他争这口气。（3）义同"向"，表示动作的方向，例如：我～你打听一件事。/我记得～你说过这件事。（4）义同"把"，其宾语是后面动词的受事者，例如：你去～门关起来。/去～茶杯儿拿过来。

《南京方言词典》中有：

［告］（1）连词，相当于普通话"和、跟"：我～他一阵去/王师傅～李师傅是老朋友了/下午顽了中山陵～明孝陵。（2）介词。A）同：我想～你商量件事情/我不～他合伙了。B）向、对：有意见你直接～我讲好了。C）向、问：他～你借了多少钱？/你去～他把东

西要回来。D)替、为：你就不要去了，我去～你买回来吧。E)引进
比较对象：他就～他爹一个脾气/我的想法倒～你不一样。

由此可见，"告"也是南京官话中的一个典型连-介词，并且其作为介词
也拥有较为丰富的介引功能，分别是：介引比较对象、介引目标对象、介引
处置对象、介引共同施事、介引来源以及介引替代对象。

体现在语义地图中可表示为图 4-6：

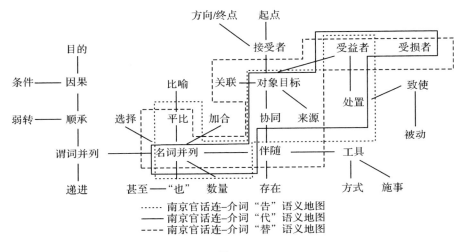

图 4-6

本章小结

我们在本章引入了类型学的语义地图理论来进行南京官话语法理解
方面的研究，例如词义演变、虚化等问题。

传统汉语历史语法的语法化研究方式往往是用大量的历时语例来推
导出某个实词向虚词的演化路径，但是在方言语法的调查研究中，由于语
料性质的不确定或是方言记音符号的选择导致语素的多义性和同音性划
分不清等问题，我们可以感受到这种方法在实际运用时的局限。

在目前来看，语义地图理论可以较好地解决这些问题。首先，语义地
图模型的研究对象就是语法领域中的"同形多义"（也即类型学中的"多功

能语法形式")。其次,对于汉语整体甚至世界语言的研究方面来讲,从单个语言的差异性数据中完全可以提出有关蕴涵共性的假设,而不同汉语变体的比较自然会给我们带来更为丰富的差异性数据。

目前,海外类型学界已有的语义地图研究大多未涉及汉语,其中少数基于大规模语种库、取样均衡的大型研究的语料库包含了汉语,但仅限于普通话。因此,若是我们引入不同的汉语变体,例如南京官话,进入这些语义地图之中,有以下优势:第一,在研究本方言时,思路更加清晰,可以在前人的研究成果之上进一步梳理清楚一些词义的演变过程;第二,有可能会串联起全新的路径,完善或修正已有的相关语义地图。

第五章　近代南京官话国际教育情况研究

　　来华外国人想要学习汉语，教材当然是必不可少的，但正如前文所说，传统的中国儒家经典或是蒙童识字典籍，无论是从实用性或是理解难易程度等方面来看，都是不太合适外国人用来学习中文的。在早期，一些传教士试图采用中国传统的方式，用"四书"等儒家经典作为教材，他们认为这样既可以学习规范的文言文，又可以了解中国主流的儒家学术的基本思想。但是，实践证明，这些文本并不是他们的最佳选择，书中所用文言过于艰涩难懂，并不适用于口语，无法为向大众传授教义提供帮助。因此，许多传教士开始积极考虑结合自己的母语特点，编纂有更高实用价值的汉语口语教材。随着时代的发展，越来越多的来华外国人开始按需编写各类中文教材。这些域外中文教材除了在文本内容方面做出了很大的改变，在教学目标语选择方面也各有其特点。

　　15世纪末新航路的开辟将中西关系推进到了一个新的阶段，葡萄牙、西班牙相继在东南亚建立起殖民地，欧洲各国也紧随其后，将天主教教义相关的经典翻译成各种东南亚地区的民族语言。张美兰（2005）就指出，传教语言的"方言化"是"适应"当时传教方式的一种重要变化，这不仅有效地促进了宗教传播，而且也推动了东南亚国家民族语言的发展。在中国地区，仅仅是1593年至1684年间，就有三本西班牙多明我会传教士出版的针对华人传教的闽南语书籍。与此同时，东南亚的华人社区以及中国澳门等都先后成了传教士来华之前学习汉语的基地。这些对来华传教士的汉语学习和研究都有一定的积极影响和促进作用。

　　此后，西方传教士们相继来华，他们大多都已经受过良好的教育，在语言、文学甚至自然科学领域都有着丰富的知识积累，在华期间，凭借着其良好的文化底蕴、巨大的宗教热情以及杰出的语言天赋，在完成本职工作的同时，他们之中的许多人刻苦学习汉语，突破语言交流障碍，直至能够做到用中文著书立说,成了优秀的汉语学家。

除了用中文著书传达思想之外,这些传教士当然没有忘记其传教工作。由此,一批优秀的、已经在一定程度上掌握了汉语并了解了中国文化的先辈开始基于自身实际需要,编撰各类用于汉语学习的教科书、双语词典,包括关于汉语语音、词汇、语法等方面的著作。如西班牙奥斯定会士拉达(Mardinde Rada,1533—1592)早在1575年就编写了《华语韵编》,这是一本西班牙语与闽南话对照的词汇书(引自张西平,2002:423)。目前有文献可考的最早的一本语法书是1592年多明我会传教士胡安·柯伯(Juan Cobo)的《汉语语法》(*Artede Jo Lengua China*),但该书已失传(引自马又清,2002:1)。除此之外,有许多当时重要的汉语教材都有传世,如西班牙传教士瓦罗(Francisco Varo)所著的《华语官话语法》,该书于1682年完稿,在1703年刊行,是目前发现的世界上第一部正式刊行的汉语语法专著,也是西方汉语研究史上的一部要著。该书套用拉丁语语法对汉语作了纲要式的介绍,对官话口语的分析没有汉字,只有译音。另外还有法国耶稣会士马若瑟在1831年出版的《汉语札记》(*Notitiae Linguae Sinicae*)、马礼逊1815年出版的《通用汉言之法》(*A Grammar of the Chinese Language*)、艾约瑟1864年出版的《汉语官话口语语法》等。

张美兰(2014)指出,明清世界汉语教学的历史,在东方和西方经历了不同的发展道路,并有着不同的发展模式,对我国今天的对外汉语教学和学科建设产生了深远影响。

作为明清时期官话的基础方言,南京官话可以说兼具权威地位与通用性质,因而当时不少的来华传教士都选择了南京官话作为学习对象,这就为我们研究当时的汉语国际教育特别是南京官话的教学活动留下了极为宝贵的资料。

在本章中,我们通过对晁德莅、李秀芳等来华传教士在本土编撰的汉语教材、进行的南京官话教学工作的介绍,以及对若干近代汉语国际教学组织,如中国教育会(The Educational Association of China)、徐汇公学、南京华言学堂、日本兴亚会等的梳理,描述近代海内外特别是江南地区的汉语国际教育情况,并进一步对汉语罗马字母注音法的应用、汉语国际教育课堂的组织、有针对性的对外汉语教学策略、对外汉语教材编排等诸多问题进行相关研究。全面介绍近代以江南地区为主要教学地域，以南京官话为主要教学目的语的汉语国际教育情况，为汉语国际教育等应用型学科的进一步研究提供历史源流的支撑与未来发展的基础。

第一节　明清官话标准音与西洋人汉语注音法

近代汉语官话语音有不同的地方变体，大致可分为南北两系。自麦耘(1991)在研究近代南北韵书中［-m］韵尾的消变情况时限的不同时提出现代汉语共同语言音系应当分为南北两支起，汉语学界就开始从语音系统演变的角度探索南北两系官话的差异。

关于汉语语音，首先我们需要将标准音，也就是所谓的正音，和不同地区、不同阶层的人们使用官话时的实际语音区别开来，当然这种差异并不是在否认标准音的存在，但是研究者需要看到现实生活中可能存在的个性。当时类似晁德莅这样的西方来华传教士，他们编写汉语词典手册的初衷大多是想要向后来的传教士介绍、传授在平日可以使用的标准汉语，以便其传教等行为更加顺利地进行。因此，我们认为他们所记录下来的语音系统的性质就至少有两种可能性，一是当时真正被广泛使用着的汉语官话语音，二是杂糅了官音及一些其他汉语方言的所谓的"标准音系"。但无论是哪一种情况，都具有较高的研究价值。

明清时期中国本土当然也有过许多记录南京方言的传统音韵学著作，但是这些传统的音韵学著作都需要有十分深厚的音韵学功底才能够去阅读学习，大部分的辞书韵典都利用直音、反切等方式来注音，这样就会导致一些问题，例如利用熟字标音生字时，若所用的字是生僻字，则被注音的字的读音依旧难以确定，再如利用系联法也可能会导致记音模糊不明确等较为复杂的问题。因此，我们可以换个观察角度，利用来华西洋人的一些作品来研究当时汉语语音的实际情况。

罗常培(2008)在研究耶稣会士对中国音韵学的贡献时就指出他们的优势："1.用罗马字母分析汉字的音素，使向来被人们看成繁难的反切变成简易的东西；2.用罗马字母标注明季字音，使现在对于当时的普通音，仍可推知大概；3.给中国音韵学研究开出一条新路，使当时的音韵学者，如方以智、杨选杞、刘献廷等受到了很大的影响。"因此,明清时期西方人所编撰的汉语教科书、汉外字典以及翻译作品等,通过罗马字记音的形式,可以为我们提供当时南京官话音系的实际情况。

具体来说,字母的数量比汉字的数量要少得多,而且相较于汉字,字母的读音更加固定且对外国人来说更易于描述理解,所以,这些汉语初学者们不需要为了注音而先去识记过多的汉字,并且用字母注音也更加准确客观一些。另外,因经历了上千年的发展变化,汉字无论从历时性还是共时性来看都有着较大的不确定性,字母的发音则相对固定,用字母注音更具有优势。

总之,使用罗马字为汉字标注读音,可以让对南京官话的记录与研究摆脱一些中国传统音韵学的劣势,进一步与现代语音学结合,使汉语语音的研究向着更加科学化、实用化、世界化的方向发展。

第二节　晁德莅及其 *Cursus Litteraturæ Sinicæ*：*Neo-missionariis Accommodatus*

意大利传教士晁德莅(Angelo Zottoli)来到中国之后,凭借其丰富的知识储备和颇高的语言学术造诣,不仅创办了多所现代类型的学校,还编写了教材以供学生使用,为中国的教育事业作出了巨大的贡献。

作为来华传教士,为实现其著书的初衷,即培养新上岸的传教士以便传教,晁德莅应当选用了他所认为的汉语标准语音,或者说是官话语音,来编写这部 *Cursus Litteraturæ Sinicæ*：*Neo-missionariis Accommodates*[①]。通过对其中所使用的汉语音系的总结,我们可以看出,他的注音中有许多南京官话中特有的语音。但是,也有一些明显属于北方官话音系特点的例外。因此,他所记录的汉语音系的从属问题就值得我们进一步探讨,这也可以帮助我们进一步了解当时官话语音的教学、使用等情况。

---

① 目前学界对这部著作的中文译名尚未统一,有《中国文化教程》《中国文学读本》《中国文献讲义》《中国文学选集》等多种翻译,在此我们选择使用其原名。

一、晁德莅与徐汇公学

晁德莅，1826 年生于意大利，1843 年加入天主教耶稣会，1848 年来华传教，并且成为第一位通过中国科举考试的欧洲人。1852 年至 1866 年的 15 年间，他于上海徐汇公学（原圣依纳爵公学 St. Ignatius College for Chinese Christian）任教，并担任公学校长。

来到中国后，晁德莅熟读各类经典，中文造诣很高，他还通晓拉丁文，相关汉拉双语著作颇丰，如《辣丁文字》（*Emmanelis Alvarez Institutio Grammatica Ad Sinenses Alumnos Accomodata*, 1859）、*Cursus Litteraturæ Sinicæ：Neo-missionariis Accommodatus*（1879—1882）等。

据法国传教士史式微（Joseph de la Servière）《江南传教史》记载，1872 年 8 月，在天主教耶稣会江南教区郎怀仁主教和谷振声会长主持的徐家汇会议上，决定成立"江南科学委员会"。这项以徐家汇为中心的"江南科学计划"包含了自然科学、天文气象以及中国历史地理国情等各方面的研究。其中，晁德莅负责汉学部分，为新来的传教士们提供汉语学习的课程教材。作者在 *Cursus Litteraturæ Sinicæ：Neo-missionariis Accommodatus* 一书的序言中也写道："写作本教程的主要目的是让我们近来刚上岸的传教士们，无需花费大量精力，短时间内在中国研究方面有长足的进步，然后他们就有能力在我们学校中从事中国研究，进而尝试用中文写作。因此，我写作的目的是要严肃传达中文的最精奥的内核，而非给最有教养的欧洲读者们展示中国事物中的奇珍异宝。"[①]

清道光三十年（1850），法籍耶稣会士南格禄在上海徐家汇开办了徐汇公学，吸收中国贫家子弟入学。初始，公学因奉圣依纳爵·罗耀拉（St Ignatius of Loyola）为主保，故亦称圣依纳爵公学。这是法国天主教在中国创办的最早的教会学校，被誉为"西洋办学第一校"。徐汇公学在文化教育方面以治学严谨、教育质量高而闻名。学校有着出色的师资队伍，首任校长晁德莅被誉为"整饬学务，卓著勤劳，至是人咸叹公之镇静毅力不可及

---

① 译文转引自司佳：《晁德莅与清代〈圣谕广训〉的拉丁文译本》，《复旦学报》2016 年第 2 期，第 65—72 页。

也"。马相伯、马建忠、李问渔等均出自其门下。

徐汇公学的创立,晁德莅起了十分重要的推动作用。1849 年,江南遭遇水灾,民生惟艰。徐家汇地区有不少人在万般无奈之下,把无力抚养的孩童送到徐家汇天主教堂,请求徐家汇司铎收容并予以教育。时任徐家汇耶稣会院长的晁德莅慨然接收,临时拨茅屋数间以作教室。1850 年,孩童增至 31 人,"却多优秀可教,遂成立学校",取校名徐汇公学。[①]

自清咸丰二年(1852)之后长达 15 年的时间中,晁德莅一直担任徐汇公学校长一职,在此期间,公学教育事业发展稳定,为基督教会在华传教培养了许多能力很强的可用之才。刘钊(2013)指出,晁德莅采用了在当时来看非常先进的办学理念,将中国的现实情况同西方的教学方式充分结合起来,把宗教教育同正式的文化教育结合起来,宣扬基督教义和儒学正统思想并行,十分具有创造性与实用性。

也是得益于晁德莅,公学于 1859 年开始开设拉丁语课程,一些有志于做神父的中国学生有机会学习拉丁文,他们被称为"拉丁生"。如著名的马相伯、马建忠兄弟二人便是拉丁生,并且成绩优秀。后来,蔡元培等还专门向马相伯请教拉丁文。

晁德莅还为徐家汇藏书楼的修建提供了帮助。1847 年 7 月,耶稣会修院由青浦横塘迁至徐家汇,当时的传教士们搜集图书并专辟三间"修士室"用以藏书,这就是徐家汇藏书楼(Zi Ka Wei. Bibliothèque)的雏形。藏书楼的创始人是南格禄,"然扩充此图书事业而确定其基础者,允为晁德莅和夏鸣雷两位司铎……然助二公发展此巨业者,为晁公高足马公相伯及李公问渔"[②]。

他的 *Cursus Litteraturæ Sinicæ*:*Neo-missionariis Accommodatus* 共五卷,卷帙浩繁,内容丰富,可视作当时最为成功的拉丁译汉语经典著作之一。其内容包括日常习语、戏剧、小说以及《易经》《论语》等中国传统经典。

[①] 引自上海档案信息网:徐汇公学 http://www. archives. sh. cn/shjy/shzg/201406/t20140625_41068. html.

[②] 《天主教在中国五大文化事业概况(一)徐家汇藏书楼》,《申报》1940 年 11 月 28 日,第 23973 号 9/12。

作者在第一卷的序言中提出了对整部教程的总体构想:"教程分为五年:第一年入门班学习白话文,包括家规、杂居、传奇、小说、俗语选,所有这些都保持俗语或口语的风格。第二年初级班,学习《四书》,或者学习童蒙读物(Elementarios libellos)后,再学习《大学》《中庸》《论语》和《孟子》。第三年中级班,学习《五经》,包括全篇有注解的《诗经》和《尚书》,部分注解(散落于全书各处)的《易经》和《礼记》以及孔子《春秋》中的部分内容。第四年高级班,学习修辞风格,内容包括有关小词,散文选,《左传》选,各类简牍和典故。第五年修辞班,内容包括散文、诗歌,研读八股文、诗文、诗歌、辞赋、铭文和对联等。"①根据之后出版的五卷作品来看,其内容与此序文中的计划基本一致,达成了最初的目标。

书中内容的表现形式几乎都是先引原文,然后在下面对一些作者认为有必要进行讲解的字进行注音与拉丁文的释义,再给出一个总体的解说,如图5-1:

图 5-1

---

① 译文转引自司佳:《晁德莅与清代〈圣谕广训〉的拉丁文译本》,《复旦学报》2016 年第2 期,第 65—72 页。

二、*Cursus Litteraturæ Sinicæ*：*Neo-missionariis Accommodatus* 中的南京官话

　　Cursus Litteraturæ Sinicæ：*Neo-missionariis Accommodatus* 的内容十分丰富,从《圣谕广训》到儒家经典再到八股文的作法等,包罗万象。其中作者所节选的元杂剧、小说、诗歌、散文、碑铭、尺牍、官职歇后语、典故等都有拉丁文的介绍与选篇翻译,具有十分重要的研究价值。这是一部用来帮助来华传教士学习汉语的教程,被评为"虽体例芜杂,然拉丁文所译我国文学作品,就内容言,要不能不以此为最富也"①。

　　该书的第一卷(Vol. 1：Lingua Familiaris)共 904 页,翻译阐释了《圣谕广训》以及大量的中国古典戏剧如《杀狗劝夫》《薛仁贵》、小说如《好逑传》《玉娇梨》等。第一卷的附录部分,也即第 797—904 页,则是一部较为精简的字典。

　　作者按照 214 部首排列,给每个字标出罗马字母的注音以及拉丁文的简单释义,如图 5-2：

图 5-2

————————

① 　方豪:《方豪六十自定稿(上)》,台北:台湾学生书局,1969 年,第 27 页。

每个汉字,采用四声标圈法,自左下角起按照逆时针方向四个角作上标记分别记录平上去入四个声调,汉字左边的数字表示该字在所属部首的基础上增加的笔画数,便于检索,例如"丈"左边的"2"代表其比部首"一"多了两划,下面的"三"笔画数相同则不再标注;汉字右边的数字表示该字在此卷正文中出现的页数,便于读者查阅其使用语例。整个系统还是较为科学可行的。

我们根据其对各字的罗马字注音,大致总结出了晁德莅的汉语拼音方案。

a. 声母表

表 5-1　晁德莅汉语拼音方案声母表

p	p'	m	f
t	t'	n	l
k	k'	h	
ts/k	ts'/t's/ts/k'	h/s	
tch	tch'/t'ch	ch	j
ts	t's	s	
ng			

可以看出晁德莅所记录的汉语声母体系中,共有 27 个声母。

其中有一些比较特殊之处。首先,仍有明显的尖团区分,例如:进(tsin)〔精母〕-敬(king)〔见母〕;前(t'sien)〔清母〕-谦(k'ien)〔溪母〕;想(siang)〔心母〕-项(hiang)〔晓母〕。其次,晁德莅的声母体系中存在鼻音声母〔ng〕。

b. 韵母表

表 5-2　晁德莅汉语拼音方案韵母表

e	i	ou	iu/yu
a	ia	oa/wa	
o		ouo/wo	
o/é	ié/yé		iué/yué
eul			

ai	iai	oai/wai	
ei		oei/wei	
ao	iao/yao		
eou	ieou/yeou		
an	ien/yen	oan/wan	iuen/yuen
en	in	oen/ wen	iun/yun
ang	iang/yang	oang/wang	
eng	ing	wong	
		ong	iong/yong

在韵母方面,有以下几个特点:

1.舌尖前和舌尖后的[ɿ/ʅ]都用/e/表示;

2.除了/i,in,ing/,其余的前面没有组合声母的齐齿呼音节都用半辅音/y/来起始;

3.除了/ou/,其余的前面没有组合声母的合口呼音节都用半辅音/w/来起始;

4.有声母的合口呼音节,则用/o/来表示韵头;

5.撮口呼音节,若前方有声母,用/iu/表示介音,若前方没有声母,则用/yu/起始。

另外,这套语音系统还有一些特征,例如引入字母/é/来表示受介音影响导致开口度介于[a]和[e]之间的一个韵腹音等。

c. 声调

该书共分为平上去入四声,标志如图5-3:

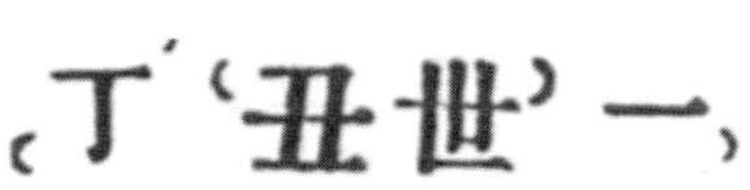

丁 ˊ '丑丗' 一、

图 5-3

声调方面的特征当然就是保留了入声,但其入声并不体现在韵母的拼式中,而是单独使用调值标注的方式。

此外,还有一些读音较为特殊的字。例如:中古蟹摄开口二等牙喉音标作/iai/,如"解""诚";中古通摄三等 iong 有阳平读音,所以"容"读作/yong 平/;其他还有如六/lou 入/、劣/liué 入/、学/hio 去/等。这些特殊读音都带有较为显著的南京官话的语音特点。

同赵元任(1929)以及黄典诚(1987)的相关研究作对比,我们可以发现晁德莅的这套语音体系与南京官话音系既有相同之处也有相异之处。

对比晁德莅的语音体系,可以看出,其声母系统性质与赵元任所述南京官话声母性质有相同之处,就是 j,ch,sh 跟 tz,ts,s 不混,但是也有不同,如 n/l 不混且有鼻音声母 ng-。韵母方面,该书音系中的前后鼻音韵是作区分的,o,e 混用;o,uo 都有,但是有混用的情况。其音系与黄典诚总结的南京官话特征也有部分相符。在声调方面,由于是以书面上的四声标圈法来记录的,只能确认在这个音系中存在平上去入四声,但具体每种调类是否分阴阳或是调值究竟是怎样则比较难以判断。

所以,我们认为晁德莅所记录的汉语音系既不是纯粹的南京官话音,也不是纯粹的北京官话音。

正如叶宝奎(1998)所说:"官话音的客观性是不容置疑的。当然由于政治、经济、文化、教育等诸多因素的制约,明清时期的官话音还不够规范,也很不普及。官话音到了不同地区,会在不同程度上受当地方音的影响,形成不同的区域性变体,这也是事实。"

根据之前的分析,晁德莅所记音系有许多明显的北方官话特征,如边音和鼻音声母区别清楚、前后鼻音韵母可分等。但是,这套语音系统显然也具备许多北方官话所没有的语音特征,例如区分尖团音、有入声韵等。我们认为这可能是一个混杂的音系,是晁德莅根据当时他自己所感受到的周围中国人使用的、他认为标准通用的语音而记录下来的一个实际的音系。

第三节　李秀芳及其 *Dictionarium Latino Nankinense. Juxta materiarum ordinem dispositum*

李秀芳神父(Benjamin Brueyre)自 1842 年来到中国之后致力于培养耶稣会修士,积极宣扬教会信念,协助中国耶稣会的发展,最后客死异乡。

他主要在上海、江苏、河北、山东等地传教办学,并且协助创办了张朴桥圣母无玷圣心修道院,曾担任过徐家汇修院院长、直隶东南代牧区的耶稣会会长等职务。李秀芳出版了《中国大主保圣若瑟圣月》《补增圣母圣月》《敬礼耶稣圣心》等教义相关书籍,对传教作出了较大的贡献。另外,他还著有汉学相关的汉语拉丁语字典 *Dictionarium Latino Nankinense* 三卷本。

我们认为,他的 *Dictionarium Latino Nankinense. Juxta materiarum ordinem dispositum*[①],虽然名为南京话词典,但实际记录的并非南京方言,而是上海方言。虽然到了清代后期北京音已经获得了官话正音的地位,但是当时南方的文化以及经济发展状况还是好于北方,故而南京话还是延续了明代以来的传统和习惯,在各方面占有重要地位。李秀芳之类的传教士们在著书时,出于某些原因,例如可能想要自己的作品更加普及等,选择将书名定为"南京话"。通过此例,我们认为对于各书中的真实语言状况,除了从作者自述、标题等显而易见的地方找寻线索以外,仍需谨慎考量,以防作出错误判断。

一、耶稣会复会后的首批来华传教士

乾隆三十八年(1773),教皇克雷芒十四世(Clement ⅩⅣ)下达诏令宣布解散耶稣会,自此,遣使会(Lazarists)开始受命接管在华传教的相关事宜。在此期间,耶稣会士与遣使会士一直和平共处。[②] 在耶稣会士重新进入中国之前,最后一位耶稣会传教士可能是乾隆时期的最后一位外籍宫廷画师贺清泰(Louis Antoine de Poirot),他著有最早的汉语官话《圣经》译本。贺清泰于嘉庆十九年(1814)逝世。也正是在这一年,经过教宗庇护七世(Pius Ⅶ)允许,耶稣会重新恢复了他们的传教活动。

在中国地区,自从 1814 年罗马重建耶稣会之后,会士们便开始了重返

---

① 可直译为《按照主题排列的拉丁语南京话词典》。

② Fr Fernando Mateos S. J. , Suppression and Restoration of the Society of Jesus in China, URL: http://www. riccimac. org/doc/monographs/1/suppression _ and _ restoration_of_the_society_of_jesus_in_china. pdf.

中国传教的计划,教众们都极力争取,北京和南京的传教士们都写信给教皇。1839 年由教皇格列高利十六世(Gregory Ⅹ Ⅵ)任命的山东宗座代牧(Vicar-apostolic)以及由江苏、安徽和河南三个省份组成的南京辖区的主教罗伯济(Lodovico Maria Besi)向罗马寄送了数封信件要求派遣传教士来到中国帮助他们完成繁杂而光荣的传教任务。1840 年 1 月 13 日,弗兰索尼(Fransoni)红衣主教也写信给传道总会请求罗特汉神父(Very Rev. Father Roothaan)派送三至四名神父来帮助罗伯济。①

于是李秀芳、南格禄(Claude Gotteland)和方艾济(François Estève)三位神父于 1841 年 4 月 28 日从法国布雷斯特(Brest)出发。9 月 23 日,他们到达菲律宾马尼拉,然后继续前进,10 月 21 日在澳门被葡萄牙政府驱逐出境,随后他们前往当时被英国占领的舟山群岛(Chusan Islands)避难,并经由这里陆续抵达了上海。南格禄和方艾济是在 1842 年 7 月 11 日到达的,李秀芳则晚了数月与他们会合。②

由于当时北京教区仍由遣使会负责,因此复教后的首批耶稣会士选择先来到上海,也即徐光启墓地所在地,正式重新开启在江南地区的传教活动,但是由于受到太平天国之乱等的影响,江南教区直到 19 世纪 60 年代才真正稳定下来。1851 年的全国上海主教会议期间,当时的北京主教孟振生在 12 月 21 日寄信给传信部,建议将北京教区划为三个代牧区,一个是直隶北部,一个是直隶东部,还有一个是直隶西部,遣使会愿保留最重要的北部。1856 年初,教廷拟议将直隶西南区划给耶稣会,直隶东南区划给外方传教会,外方传教会要求豁免,于是直隶东南区便也成了耶稣会的辖区。在这次教廷实施的教区行政改制中,原来的北京教区和南京教区取消,转而改为四个代牧区,也即原北京主教区改为三个宗座代牧区:冀北、冀东南和冀西南,而原来的南京主教区则改为江南代牧区。③ 江南代牧区(包括江

---

① Samuel Couling，*Encyclopaedia Sinica*. Shanghai：Kelly and Walsh，Ltd，1917：260.

② Samuel Couling，*Encyclopaedia Sinica*. Shanghai：Kelly and Walsh，Ltd，1917：260.

③ 赵庆源:《中国天主教教区划分及其首长接替年表》,台南:闻道出版社,1980 年,第 36 页。

苏和安徽)和直隶东南代牧区正式分配给耶稣会负责,其中冀东南代牧区又于 1924 年改名为献县代牧区。①

二、李秀芳与汉语教学

作为复会后最早一批回到中国的耶稣会士,关于李秀芳神父的研究在学界却几乎未见。

1810 年 5 月 20 日,李秀芳出生于法国上卢瓦尔省唐斯市。他在勒皮昂韦莱读了小修院和大修院,于 1831 年 9 月 19 日加入耶稣会,然后去意大利和瑞士见习,后来又在瑞士弗里堡以及瓦勒佩勒皮等地学习哲学。1842 年李秀芳远渡重洋来到中国进行传教工作。李秀芳主要在中国江南的各地农村传教,偶尔返回到徐家汇。1880 年 2 月 24 日,李秀芳死于献县。

来到中国后,罗伯济邀请李秀芳去到上海,他们要在江南创办一所修道院。李秀芳随后就到了张朴与两位同会修士会面,共同商讨相关事宜。他们认为,要使他们的信仰能够在中国这片土地上扎根,首先就要培养出中国本土的传教士,中国教会是需要由中国人来传教的。② 经商议,他们决定由李秀芳在松江农村的张朴桥创办一所修道院,物色有志传教的中国青少年入院受教。之后,这所修道院被命名"圣母无玷圣心修道院",于 1843 年 2 月正式开始授课,招收第一批修生 22 人,他们从 13 岁到 18 岁不等,其中 17 名属于江南教区,5 名属于山东教区。因为此地当时有学校,而会士们认为修院需要有一个更加安静的环境,于是修院几经扩充迁址,先于当年迁至横塘(今上海教区骨灰堂所在地),再迁张家桥,三迁董家渡,最后从董家渡迁往徐家汇。

张朴桥圣母无原罪始胎堂现在仍然保存完好,它作为天主教上海教区的一座历史悠久的著名教堂,位于上海市松江区佘山镇,毗邻著名的朝圣

---

① 戴丽娟:《从徐家汇博物馆到震旦博物院——法国耶稣会士在近代中国的自然史研究活动》,《"中研院"历史语言研究所集刊》第八十四本第二分,2013 年,第 329—385 页。

② 《江南第一堂——张朴桥天主堂》,《信德报(第 239 期)》2005 年第 6 期,第 22 页。

地佘山。由于上海教区几件重大的事情都起源于张朴桥,该教堂也被称为"江南第一堂"。截至 1849 年,该地区共发展了天主教徒 4750 名。

1856 年至 1859 年间,李秀芳又前往担任徐家汇修院院长一职。1856 年 1 月 30 日,教廷将直隶东南区划归耶稣会,成立代牧区。教区成立后,逐渐建起了要理学校、育婴堂和修院等。1859 年,徐波理神父受郎怀仁(Adrien Languillat)主教的委派首先建起了会院,但直到 1861 年 5 月 13 日修生们才搬进新建成的修院。从修院未建好之前的 1860 年 2 月 1 日起,李秀芳便在威县赵家庄的简易土房内为 30 多名准修生讲课 3 天,4 日正式开学,7 月 1 日统计修生共 12 名。① 次年,由于受到匪患的威胁,修道院随同主教座堂向北迁徙到献县张家庄,从 1860 年到 1869 年共招收了 10 届修生。直到 1878 年,修道院共有大小修生 38 人。直隶东南代牧区在献县张庄的主教座堂规模庞大,占地 700 余亩,房舍有 1300 间,内有教堂 6 座,包括东西两大院,大修院起初位于东大院公鸡楼。此后教区又建成了 6 所小学,分布在教区各地,6 个星期内来了十多名贫穷的孩子,教区免其学费,后来又建立了 5 所学校。

1859 年至 1866 年间,李秀芳改为担任直隶东南代牧区的耶稣会会长。在这个过程中,李秀芳的传教之路也颇多曲折,遇到了各种困难。1859 年 3 月,李秀芳携第一个直接由法国到此的许孔昭神父(M. Joubaud)抵达献县,但 7 月 1 日许孔昭便去世了。9 月,刚来两个多月的徐听波神父得了伤寒,10 月,郭宗城神父也病倒了。之后两位法国籍神父一位健康欠佳,一位也染上了伤寒。1863 年春天,教区又受到了山匪的骚扰,白莲教武装骑匪和当地的土匪在山东一带到处抢掠,迫近教区。李秀芳与郎怀仁主教商议,决定加强总堂的安全防护。于是教友们和附近的百姓齐心协力筑造防御工事,他们在东大院围墙西边两角先修筑了炮台,在北墙中间修了一个大的炮台以抵御村外来的强匪,炮台皆为半圈形,上置一门洋炮,另备洋枪

---

① 《献县教区的成立》,天主教沧州(献县)教区网站 http://www.xianxiancc.org/showart.asp? id=45。

数支,以挡射近处的匪徒。[①]到了1866年7月25日,鲍恒理神父感染霍乱去世,7月31日依纳爵瞻礼于下午一点十分来这里做客的江南代牧年文思主教病逝献县,以至于郎怀仁在致巴黎省会长信中说"李秀芳神父有时都累得没有力气说话,我们担心会不会所有的人都一起病死,赶快给我们派人来吧"[②]。

1866年5月20日,李秀芳卸任会长之职,转为专门翻译拉丁文、法文的圣书、圣歌,由鄂尔璧神父(Joseph Gonnet)接任会长。耶稣会做出此决定,很可能是由于新上任的杜巴尔(Dubar Edouard)主教较为年轻,从经验、资历上都不能和前任主教郎怀仁相比,因此需要一位比较强势的会长在旁协助,鄂尔璧是江南区的会长,又曾担任代理主教,似乎是比已经年迈的李秀芳更为合适的人选。鄂尔璧上任伊始,便设法为传教事业尽心尽力。

在1877年到1878年的大饥荒中,献县及周边地区有许多人饿死,十分之七的人逃荒而去,仅留下老人,神父们也纷纷病倒。1876年鄂尔璧去世,1878年3月24日狄加禄神父死于伤寒,4月28日白思定护士修士去世,5月4日气象台台长雷于达神父病逝。李秀芳等三位神父、胜儒良及魏执中二位修士、工友、学生、孩子、贞女等50多人都病倒了,杜巴尔伤心地说:"献县总堂像一座医院。"[③]

李秀芳在他的中国传教生涯中一直面临着诸多的困难与挑战,无论是自身身体上由于远离故土而造成的水土不服以及各种病痛,还是遭遇外界各种例如匪患、饥荒等的天灾人祸,但是李秀芳始终都没有被这些考验压垮,而是在中国这片土地上为他所信仰的传教事业尽心尽力,直到生命的最后时刻。

在传教之余,李秀芳也有一些著作出版,例如他将一些传教作品翻译

---

① 《献县教区总堂》,天主教沧州(献县)教区网站,http://www.xianxiancc.org/showart.asp? id＝132。

② 《献县教区历史拾零(四)——第一任主教郎怀仁时期》,天主教沧州(献县)教区网站,http://www.xianxiancc.org/showart.asp? id＝3236。

③ 《献县教区历史拾零(五)——献县教区第二任主教杜巴尔时期》,天主教沧州(献县)教区网站,http://www.xianxiancc.org/showart.asp? id＝3245。

成中文,另外还编写了汉外字典等。与传教相关的著作有《中国大主保圣若瑟圣月》《敬礼耶稣圣心月》《恭敬耶稣圣心经》等,其余还有与汉学相关的汉语拉丁语字典 *Dictionarium Latino Nankinense* 三卷本。

三、*Dictionarium Latino Nankinense．Juxta materiarum ordinem dispositum* 中的南京官话

李秀芳著有 *Dictionarium Latino Nankinense*(《拉丁语南京话词典》)系列丛书。这一系列由三本书组成,第一部的词典之后附有两本用相同语言写成的书,分别是诸家名文选集读本和《按照主题排列的拉丁语南京话词典》。三本书都是由李秀芳和他的助手们在上海附近的横塘的一个小神学院中编辑印刷出版的。

(1)*Dictionarium Latino Nankinense．*Wam-dom A. M. D. G. 1846(图 5-4)

图 5-4

（2）*Dialogi Nankinensi Lingua*．Wam-dom，A．M．D．G．1846（图 5-5）

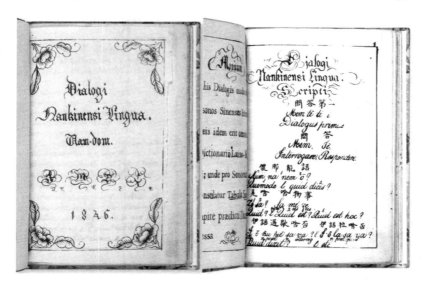

图 5-5

第二本书可以看作是一本语言入门的初级课本，包括南京官话方言写成的问答对话以及对应的拉丁语翻译，总共包括二十五段中文对话，罗马字标音及拉丁语翻译。①

（3）*Dictionarium Latino Nankinense*．*Juxta materiarum ordinem dispositum*．Wam-dam，A．M．D．G．1847（图 5-6）

---

① 但实际上，在扉页就可以看出该书的语言体系较为混乱：在名称中虽有"Nankinensi"（南京话）字样，但下面的"伊话过歇啥否""伊话拉啥否"却是上海方言。

图 5-6

第三本书是《按照主题排列的拉丁语南京话词典》，词语按主题排列于拉丁文小标题下，并列出罗马字注音和汉字翻译。

三本书都是小四开本，木板印刷，封皮为大理石纹的纸板。

这套拉丁语南京官话词典在考狄的 *Bibliotheca Sinica* 中有所记录，但是只提到了前两本，至于第三本《按照主题排列的拉丁语南京话词典》，在传教士的作品中鲜少提及。

关西大学内田庆市教授在法国里昂市立图书馆（Bibliothèque municipale de Lyon）看到了第三本《按照主题排列的拉丁语南京话词典》。①

全书共分为序言、正文和附录三大部分。

序言部分，作者首先提出编著这部书的初衷，作者认为按照主题排列的词典更加有利于学习语言，但是目前未见这一类型的南京话词典，所以他编排了这本词典。之后列出了一些该书标注音节时的特征，以及声调的

---

① 内田慶市：《世界図書館巡礼——東西文化交渉の書籍を求めて（4）—バチカン図書館・リヨン市立公共図書館》，大阪：関西大学図書館フォーラム，23 卷.2018.6.30：1-4。

标注符号等规则。

正文部分共59页，在第60页，作者列出了一些教会用语以及一个正文的目录。目录中共标注有46个主题，其中名词类有36个，见表5-3：

表5-3　李秀芳《拉丁语南京话词典》目录所列名词类

Animalia 动物	Arbores 树	Astronomia 天文	Aves 吊鸟	Arma 兵器，兵具	Ascetica 灵魂
Calendariu 瞻礼单	Caminus 火窑，窑灶	Cerealia 种子，粮食	Cibi 吃个物事	Civitas 城	Cælum 天堂
Corpus 肉身	Cubicilum 房间	Culina 厨房	Cultus relig. 恭敬天主礼节	Domus 所在	Ecclesia 圣教会
Educatio 教训	Epistola 书信	Familia 人家	Flores 花	Fructus 果子	Guberniu 掌管
Grammatica 字文法	Homo 人	Jnfirmitas 病，生病	Jnstrument 傢生，傢伙	Mensa 台子吃饭	Necessarium 要紧个，小零碎
N. adjectiva 加添个名	Potus 水	Præpositiones 名前句	Professiones 手艺	Pronimina 代名句	Regio，rus 田地，乡下

在正文中，作者同时采取了下划线的形式来标示出代表类别的词语，但是在仔细阅读后，我们发现还有一些目录中没有但是在正文中有下划线标记的种类。这些目录中未体现的词类和前后相邻的类别还是区分很大的，并不能够归为一类，我们认为这很有可能是作者在制作目录时遗漏了，这样的名词类共有10个，见表5-4：

表5-4　李秀芳《拉丁语南京话词典》目录遗漏的名词类

Catechism 问答	Cœnobium 会院，修院	Forum 衙门	Ludi 勃相傢伙	Personalia 位个名
Possessiva 位主个名	Demonstrativa 指出个名	Relativa 指出别个名个句	Jnterrogativa 问个句	Absoluta（原文中未标注汉语翻译，意思是“语法学的原级”）

目录中的10个动词类见表5-5：

表 5-5 李秀芳《拉丁语南京话词典》目录所列动词类

V. Amor，odium 爱恨	V. Dormitio 困	V. Locutio 说话	V. Mercatura 生意	V. Vitæ actiones 行实
V. Nutritio（原文中未标注汉语翻译，意思是"提供营养"）	V. Opera 手工	V. Studium 读书	Vestes 衣裳	Voces usuales 声音

动词类也有目录中未标出而正文中有作为类别标记的下划线的，共两个：Motus（走动）、Quinque Sensus（五官）。

所以，该书应当总共有 58 个主题类别词汇，其中名词类 46 个，动词类 12 个。

在每个类别中，作者分别按照种类名称的拉丁文的首字母排列顺序。每页分为并排的两大栏，每栏包含两列，左边是拉丁语单词，右边是罗马字注音以及汉字写法，一一对应，如图 5-7：

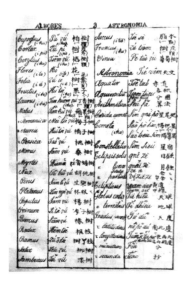

图 5-7

作为汉语中特有的一种词类，量词也没被作者忽略，在部分名词的汉字写法后面标上了对应可使用的量词。例如：

羔羊（一只）、果子（一个）、花（一朵）、腰刀（一把）、甲（一件）、长枪（一根）、念珠（一串）、火刀石（一付）、圣象（一尊）、灯（一盏）、帐子（一顶）、书

（一本）、圣体布（一块）、钥匙（一把）、车（一部）、笔（一支）（一管）、镜子（一面）……

可以看出这些搭配都很地道准确。只是，目前我们并不是很清楚作者选取标注搭配量词的名词的标准是什么，有些名词有量词搭配，而有些则没有，例如第 6 页开头，"八哥""燕子"后面都标注了"（一只）"，但接下来的"画眉鸟"就没有搭配量词了，再下面的"麻鸟""乌鹊"后面又标上了"（一只）"；再如第 43 页最后，"钉"后面标注了"（一只）"，下面的"眼镜"后面标注了"（一个）（一付）"，但是再下面的"小刀"后面又省略了量词搭配。类似这种情况该书中有很多，似乎也没有什么规律可以遵循。

附录部分是一张关于家族谱系的大表，分为"父边（Vu Pié）"和"母边（Mu Pié）"两部分，列出了以"本人（N）"为中心，上下各四代，共九代人的亲属称谓。每个称谓列出注音和汉字，在女性的亲属称谓前加上了"F"作为性别标记，如图 5-8：

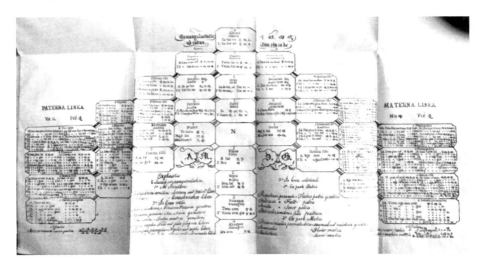

图 5-8

我们利用其中的汉语罗马字注音，大致总结了该书中汉语语音系统的情况。

该书中声母记音符号共有 19 个：

P 皮白　　　M 马梅　　F 蜂　　　V 黄文

T 兔毒　　　D 头蝶　　N 奶脑　　L 龙栗

K 壳个　　　H 灰花　　　Gn 尼人

(K)脚橘

Ts 椒七　　　Dh 群　　　Z 泉　　　　S 小橡　　　Ss 稣　　　H 香

(Ts)只子　　　　　　　(Z)树虫　　　(S)山桑

(Ts)朝草

J 阳用　　　W 猾

韵母记音符号共有 26 个：

a 鞋伯白　　　　e 亥鸭四十日　　i 意七皮　　　　u 乌窝鹅

o 夏花落国北　　n 午鱼　　　　　ao 道蚤　　　　eu 走流头

uei 悔瑰　　　　uo 瓜　　　　　　ia 药　　　　　ie 叶天极

iao 小吊　　　　io 椒　　　　　　ioo 鸟　　　　　ieu 秋袖

iu 取橘靴　　　am 樱桑黄　　　　em 根寸　　　　en 分蚊

iam 香枪　　　　eam 凉　　　　　im 林星　　　　om 放塘

um 东用虫　　　ell 而

声调有 5 个：

作者指出此语音系统分为 5 个声调，分别是高平调、低平调、升调、降调和短调，分别用符号来表示。

其中还有一些读音看似比较"特别"的词。例如：

黄 Vâm、蚊 Mên、蝴 û、头 Deû、蛇 Zô、樱 ām、花 Hō、午 Ǹ、鹤 Ngǒ、鸭 Ě、鹅 Ngû、凤 Vúm、鱼 n^、雄 Jûm、燕 Jé、窝 Kū、画 Vǒ、眉 Mî、鸟 Diào、脚 Jiǎ、药 iǎ、行 Âm、爱 È、俗 Zǒ、饶 Gnô、宽 Kuē、大 Tú、夜 Já、完 Wēi、全 Zié、讲 Kòm、干 Kēu、净 Zìm、经 Kiēm、勿 Vé、拜 Pá、斋 Tsā、年 Gnê、耶 Jâ、稣 Ssū、上 Zòm、下 Ó、二 Gní、五 Ǹ、六 Lǒ、夏 Ó、火 Hù、硬 Gnán、石 Zá、问 Mên、解 Kà、话 Ó、会 Wéi、而 éll、皮 Bî、麦 Mā、穗 Sé、饮 Jém、饭 Vé、食 Zǒ、肉 Gnǒ、圆 ieû、芽 Ngà、行 Ôm、衙 Ngā、朝 Zāo、廷 Dīm、店 Tié、眼 Gnè、睛 Tsīm、房 Vōm、镀 Ǒ、堂 Dâm、迎 Gněm、护 ū、伯 Pǎ、叔 Sō、爹 Tiā、寒 Eû、吃 Kiǒ、水 Sè、河 û、鞋 Ā、买 Mā、借 Tsiá、换 Wé、红 ûm、父 Vu……

当然，作者的注音似乎并不是十分严谨，偶尔会出现字相同但罗马字标音略有差异的情况，甚至连封面也是，我们可以发现，前两本，也即 *Dictionarium Latino Nankinense* 和 *Dialogi Nankinensi Lingua*，它们的出版地写的是"Wam-dom"，而第三本 *Dictionarium Latino Nankinense. Juxta materiarum ordinem dispositum* 则写作"Wam-dam"，两者应当都是指"横塘"这个地名，但是却出现了两种不同的拼法。另外书中还存在一些词语重复出现的情况，这些都可能是作者的失误。

至于该书所记录的语音音系归属问题，由于作者在书名中便注明这是一本拉丁语南京官话词典，所以我们仍选择将该书的语音系统同赵元任先生(1929)对南京官话语音的相关研究进行对比。

经过对比后我们发现，该书无论是声母系统还是韵母系统，似乎并不是同个语音系统。观察作者自身的经历，以及该书的出版地点等线索，可以发现，无论是他最先登陆的地点，还是后来任职的徐家汇、张朴桥，抑或是该书的出版地横塘，基本都是在上海或是上海周边地区。众所周知，现在的南京官话属于北方方言江淮官话区，而上海方言属于吴方言区，两者有较大区别。因此我们再将其与上海方言的语音体系进行对比。

根据顾钦(2008)按照《方言调查字表》总结出来的上海市区方言的音系结构：

声母共 28 个：

[p]拨波	[p‘]泼坡	[b]勃步	[m]没母	[f]法夫
[v]佛扶	[t]得多	[t‘]塔拖	[d]特度	[n]纳尼
[l]勒路	[k]割加	[k‘]客掐	[g]搞共	[ŋ]额我
[h]好灰	[tɕ]基积	[tɕ‘]欺凄	[dʑ]其极	[ȵ]软娘
[ɕ]希西	[ʑ]席谢	[ts]资知	[ts‘]痴疵	[s]斯诗
[z]寺事	[ø]衣乌	[ɦ]坏还		

韵母共 35 个：

[ɿ]资知	[i]衣烟	[u]乌窝	[y]迂吕
[ᴀ]太鞋	[iᴀ]亚夜	[uᴀ]娃怪	
[o]茶花			
[ɜ]可鹅			
[ɛ]单兰		[uɛ]湾掼	
[ø]安端			
[ɔ]包高	[iɔ]腰条		

[ei]雷类　　　　　　　　　　　　[uei]灰亏

[ɤɯ]欧斗　　[i ɤɯ]流休

[ã]党张　　[iã]央两　　　　[uã]汪横

[eȵ]恩争　　[iȵ]因英　　　　[ueȵ]温困　　　　[yȵ]云军

[oŋ]风中　　[ioŋ]雍荣

[ɐʔ]鸭压　　　　　　　　　　　[uaʔ]挖刮

[oʔ]角叔

[ɿʔ]笔力　　　　　　　　　　　　　　　　[y ɿʔ]浴越

[ər]儿尔　　[m̩]姆呒　　[n̩]五鱼

声调共 5 个：

阴平	53	高天江飞医
阴上	34	走好懂太矮
阳去	13	来同有外鞋
阴入	5	各迫笔决压
阳入	12	白木学浊合

将这三个语音体系进行比较，我们认为，首先，李秀芳在这本书中记录的标音明显不是南京话语音。其次，虽然记音符号不同，但是根据大致的读音，还有一些比较特殊的字词的读法，我们认为这本书中所记录的语音音系应当更接近上海方言。

书中还有一些比较特殊的词汇。例如：

物事、勿好、晓得、夜饭、汤团、认得、弗要、望、钮子、脚块子、肋旁骨、盘牙、脚馒头、嘴唇皮、揩、眼乌珠、眼炮皮、囡、团、娘姨、爹爹（Tia tia，父亲义）、变丘（不好）、勿晓得、瓢羹、盖头、温暾水、侬（你）、伊（他）、我个、侬个、吃酒⋯⋯

这些词都是吴方言中使用的词语，并不属于南京话。这也进一步说明了该书实际记录的是上海方言的语音词汇，而非南京官话的语言词汇。

耶稣会士来到中国的最主要目的是宣传基督教教义，他们首先要解决的是与当地人的沟通交流问题。语言作为沟通交流过程中的重要工具，就具有了无比关键的地位。身负传教大任的传教士们都会首先学习当地的语言，以便工作的顺利展开。耶稣会传教士向来重视教育，博学多识，甚至有许多人本身就具备很高的科学文化素养,其中也不乏一些语言学基础扎实者。传教的受众当然是越多越好,所以耶稣会士一定会选择学习使用范围更广的全国通用标准语。在明清几百年间,南京官话作为流行的标准语的地位是几乎未有动摇的,直到清末民初才逐渐没落,因此它也自然成了会士们学习语言的最佳选择之一。当有前人顺利掌握该标准语之后,他们自然会将其用自己认为更加易懂的方式记录下来,著成教科书或是字典,便于之后来华的传教士学习使用。当然,在利用这些资料进行研究时,我们还是需要谨慎辨别,即便是像该书这样在标题里便表明其所记录的是南京话,但其中真正的语言体系仍有可能是复杂的。

第四节　南京华言学堂及其汉语教学法

一、南京华言学堂概况

金陵大学在 1909 年 12 月创办学报 *The Nanking University Magazine*,自 1913 年 3 月起,又增设中文刊物《金陵光》。全年共八期,逢每学月出版,这也是中国近代最早的高校学报之一。每期的内容包括导论、论说、译著、传记、文苑等板块,并且会记录每个月学校发生的重大事件。

在 1912 年第 5 期的"南京大学新闻"(University of Nanking News)板块中,就预告了将要开设新的传教士培训科(the new Department of Missionary Training),以用来帮助新来的传教士们学习官话。

1912 年第 7 期登载了一篇关于培训科的专题报道"Permanent Union Language School：Missionary Training Department of the University of Nanking"。据文章介绍,该培训科在 1912 年 10 月 15 日正式成立。开始时有 15 名学生注册,到了 11 月 1 日,随着学生人数的增加,又增设了二班。到了 12 月 16 日,一班有在册学生 18 名,二班有 19 名,之后又不断有所增加。文章还介绍了学校的教职人员组成情况,包括:校长 A. J. Bowen(包文,原汇文书院院长),教务长 Rev. F. E. Meigs(美在中),副教务长 Rev. Frank Garrett,管理秘书 Mr. Wm. R. Stewart,以及中方校长 Mr. Gia(贾福堂)。

1914 年第 2 期中有关于华言科的系列文章,更为详细地描述了该培训科的创办起源、未来展望以及课程设置等细节,文章包括:"The Origin of the Language School""History and Forecast""The Purpose of the Department""Picture of the Science Building where the Missionary Training School is Temporarily Housed""How the Language School is Conducted""Reports from First Year Language Students""Nanking as a Centre for Early Language Study""Language Study in the Past"。

文章介绍,在爱丁堡世界宣教会议(Edinburgh World Missionary Conference)的第五次委员会议上,明确提出全球的传教士们需要重视起语言技能的培训工作。在 1911 年的夏天,传教士们又齐聚莫干山继续讨论这一话题,他们决定,要先在上海建一所临时的语言学校来尝试解决这一问题。这所上海临时学校(Shanghai Temporary School)成立于 1912 年 2 月中国新年假期期间,并且取得了令人满意的成功,这也促使了永久性的此类学校的建立。经过讨论后,贝施福主教(Bishop Bashford)宣布,要在南京建立一所专门的、永久性的传教士语言培训科。

这就是南京华言学堂的来历,这所培训科也取得了成功。自 1912 年 10 月开班以来,经历了七个半月的学习,第一批来自 7 个传教理事会的将近 50 名学员在 1913 年 6 月 3 日顺利毕业。这也给许多其他教区特别是长江下游教区的汉语语言学习带来了启发。

培训科的成功当然离不了老师们的专业素养与辛苦工作。例如,钦嘉乐(Chas. S. Keen)曾在美国学习最先进的语言教学法,在返回中国之后,将其所学运用于汉语教学,成了当时上海临时学校最受欢迎的老师之一。后来,他也来到南京华言学堂,为学校带来了先进、专业的教学方式方法。中国籍校长贾福堂曾经在牯岭语言学校和上海临时学校都担任过教职,拥有丰富的汉语教学的经验。再如,包文校长积极努力筹措了三万美金为学校增添各式设施,包括修建中心校舍以及学生宿舍。

二、南京华言学堂的汉语教学

南京华言学堂的老师们坚信外语学习的理想方式是使学生沉浸于目标语言的氛围之中,学校以此为目标,努力打造沉浸式的中文环境来进行教学。在学校学习期间,每个学生一天中有一半的时间接受中文老师的一对一辅导,在这个过程中都不可以使用英语,以此来达到汉语使用最大化的锻炼。

至于目标语方言的选择,毫无疑问,每个人都首先想要学习自己将被派往的地区的口语,但是鉴于学校想要为更多的来华传教士提供语言教学服务,单独为每人提供特定的方言学习显然是不现实的。事实证明,南京官话应当是各种官话方言中最有用的,所以学校主要进行南京官话的教学。当然,据后来被派往不同教区的毕业生的反馈,这个选择是十分正确的。

学校的课程设置也是合理科学的。在早期,所有的学员被编入 A、B 两班,交错进行老师教授型课程与个人教师一对一训练辅导型课程。每天正式的语言课程时间为上午 8 点 45 到中午 12 点,下午 2 点到 4 点,上、下午中间各有 15 分钟的休息时间。具体安排见表5-6:

表 5-6　南京华言学堂课程安排

时间	课程内容
8:30	教堂 学生轮流早礼拜
8:45—9:30	A 班 会话课程 美在中老师主导,贾福堂老师辅助
	B 班 个别辅导教学
9:30—10:15	B 班 会话课程 美在中老师主导,贾福堂老师辅助
	A 班 个别辅导教学
10:15—10:30	休息
10:30—11:15	A 班 汉字课程 威尔逊老师主导,中国老师辅助
	B 班 个别辅导教学
11:15—12:00	B 班 成语或语法课程 威尔逊老师主导,中国老师辅助
	A 班 个别辅导教学
2:00—2:50	A 班 成语或语法课程 威尔逊老师主导,中国老师辅助
	B 班 个别辅导教学
2:50—3:05	休息
3:10—4:00	B 班 汉字课程 威尔逊老师主导,中国老师辅助
	A 班 个别辅导教学

从学校的办学宗旨与目的中我们可以看出,学校是很重视会话课程的,这门课也由理论与实践经验都最为丰富的两位老师负责。他们在课堂中会提供一系列的多种不同主题的对话,并且分角色进行,使学生更加有代入感,在对话中让常用词和常用短语反复出现,使学生能够逐渐熟悉并且学会使用。这些词句的选择并不局限于汉字课或成语课上所学过的范围,而是为了使同学们能够更好地掌握有用的口语,并投入实际使用而精心选择的日常用高频词句。从课程的设置编排中也可以看出,这些课程应当为后来钦嘉乐和贾福堂合编的《南京华言学堂课本》的编写提供了诸多参考例证与实际经验。每周一,校长还会发给学员们一些口语小故事。到了周五,每个同学都会被要求复述其中的一则,以此来达到口语交流练习的目的。

学校的课程注重说而不强调写,自主会话的练习量不小,同学们每周可以使用本周语法课上以及前一周汉字课上所学到的内容,实践使用大约100个新的句子。每周会学习 30 至 45 个新的汉字,不仅是辨认,还包括书写以及分析它们的形旁和声旁等。

在学校 1914 至 1915 学年的计划中,再次强调了学校实行单种方言的教学(one-language school),即只教授南京官话。这一年的新学期从 10 月 15 日开始,到次年的 6 月 3 日结束,中间有三周的假期。10 月 1 日起,针对早到的同学们会有一个为期两周的针对发音和汉字书写的特别课程。

学校的必修课程包括:*The Standard System of Romanization*、*A Mandarin Primer*(鲍康宁《英华合璧》,1911 版)的前二十课、阅读汉字及翻译、*The Gospel of John*(《约翰福音》)的第四和第九章、背诵主祷文以及 20 个以上中文谚语、100 个以上常用部首的书写等。

7 个月课程学费 50 元,在开学时至少要缴纳一半。学校还规定之后每月私人教师的收费不会超过 10 元。另外书本费需自理。

除了学习外,学校对学员们日常生活的方方面面也是照顾周到,例如据 1914 年第 1 期"Language School Notes"记录,学校会组织活动欢迎新到来的传教士,为学员们举办婚礼,庆祝孩子的出生,师生共同庆祝节日等。

还有一些在校或已经毕业的学生的文章中也提到,这里的大学生活和美国的大学生活是相似的,例如学生们也会做好各种充足的准备去为学校同苏州大学的校际足球比赛加油。在紧张的学习之余,有两个周六的下午,学校还组织了去十三陵和紫金山远足(1913 年第 6 期"The Missionary Training School")。

1916 年 4 月刊发的"The Department of Missionary Training"中提及,该校是中国第一所专职培训来华传教士的语言学校。它为中国特别是长江下游地区的各教区输送了大量熟练掌握中文的传教士,它的成功也为解决困扰传教运动继续发展的语言问题提供了良好的应对思路与范例。

第五节　中国教育会及其 *The Standard System of Mandarin Romanization*

中国教育会意识到了统一汉语罗马字标音的重要性并编写了这本 *The Standard System of Mandarin Romanization*,虽然该方案并没有能够实现其最初的在全国范围内推广使用的目标,但是在一些教学机构或教科书中(如我们在前文中介绍的南京华言学堂以及《华语拼字妙法》),仍将其作为学校必修课程的教学用书或是以书中的汉语罗马字注音为参考基础进行编排。

该拼音方案没有得到普及的原因可能是多方面的,从其本身来看,由于其想要兼顾多个汉语方言区的语音特征,而没有对官话基础方言进行一个明确的规定,因此缺乏方言音系的依托,导致其虽然有一定的大局观和创新性,却也有脱离实际正在使用的语音的杂糅性。

一、中国教育会概况

1877 年来华传教士们在上海举办了第一次传教士大会,讨论了在华基督教的教会教育等问题,从事教育工作的传教士们提出了教材不完善等问题,因此大会决定成立"学校和教科书委员会"(School and Textbooks Series Committee),由傅兰雅(John Fryer)担任总编辑。此后他们出版了一些宗教性质或科学知识相关的书籍,但是并没有编出一套完整的汉语教材。于是在 1890 年的第二次传教士大会上,决定由中国教育会(The Educational Association of China)开始新阶段的教科书编辑出版工作,更多地关注中国的教育改革问题。

中国教育会以"提高对中国教育之兴趣、促进教学人员友好合作"为宗旨，组织协调教会学校和传教士的工作。会员多为从事教育工作的传教士，如李提摩太、狄考文、鲍康宁、傅兰雅、潘慎文等，都是其中的重要成员。中国教育会在新式教育所需要的汉语语音研究、汉语罗马化等方面也作出了突出贡献。据王树槐（1985）统计，1890 年至 1919 年间，学会共出版了 30 种可用作教科书的书籍，并审订商务印书馆出版的教科书 43 种，129 册。

在前文中我们也提到，罗马字注音为汉语语音的记录与研究带来了极大的便利。贾立言（1934）就说使用罗马字拼音的优势有："第一，有些方言，有音无字，所以不能写出，这样《圣经》的翻译就显得很困难，甚至绝不可能。其次，即使有字体可以写出，人民识字的能力也很薄弱，所以有许多人以为若用罗马拼音，那么在数星期之内即可习得，单是这个优点已足令许多人决意采用这个方法了。"据张龙平（2007）统计，仅 1891 至 1908 年这 18 年间，英美两大圣经公会在中国各地出版的罗马字版的《圣经》就多达 174730 册，由此可以感受到罗马字注音的高效性。

除《圣经》外，我们前面所研究的字典、教材等也大多采用了罗马字注音来记录或教授汉语语音，但是各家所采用的注音符号不尽相同，这就会造成一些阅读与学习方面的阻碍。

1890 年传教士大会上就有人提出为了方便使用者，以及节约印刷成本，应当认识到统一汉语罗马字注音标准的重要性。该建议也得到了大会"方言版委员会"的积极响应，该委员会提议由 12 个分别来自不同方言区的人组成一个"常务委员会"来专门解决方言罗马字标音的问题，并特别提出要制定统一的罗马字注音标准，以适合各种方言的需要。后来为了促进工作的展开，委员会又扩大为 15 人。

据 *The Standard System of Mandarin Romanization* 序言中所说，1902 年 5 月在上海举行的第四次会议再一次明确提出了要统一汉语官话罗马字拼写的标准制度的问题。会议投票选出了五位委员会成员，分别是来自南京并担任主席的美在中（Frank Edward Meigs）、来自烟台的鲍康宁（Frederick William Baller）、来自青州的卜道成（Josepf Percy Bruce）、来自保定的路崇德（James Walter Lowrie）以及来自上海的来会理（David

Willard Lyon）。鲍康宁后来由于身体健康问题辞职，由来自上海的 John Darroch 填补其空缺。

1903 年 1 月，委员会再次在上海聚集，他们介绍并确定了初步方案。到了 1904 年 2 月，委员会确定了最终的官话罗马字拼写标准系统的方案。他们在诸如 b、d、g 等的送气音符号以及用 h 来表示入声声调等问题上达成了共识，成果便是这本于 1904 年由美华书馆（The American Presbyterian Mission Press）出版的 *The Standard System of Mandarin Romanization*。据中国教育会统计，*The Standard System of Mandarin Romanization* 一书成了教育会 1906 年最为畅销的书籍。

二、*The Standard System of Mandarin Romanization* 简介

The Standard System of Mandarin Romanization 分为上下两册（图 5-10），第一册包括方案介绍、语音表以及音节表，第二册则是一份带有罗马字注音的部首索引。

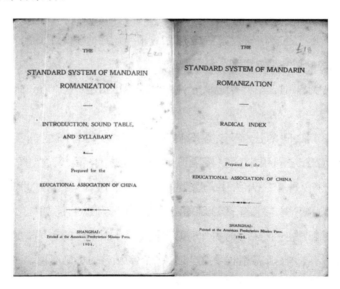

图 5-10

在第一册的序言部分，编者再次强调：

The standpoint of the Committee, however, is not that of

the foreign student，but of a Chinese，already familiar with the spoken language，reading in Romanized the same books as are being read by others in other districts. In other words，in the system the Committee were called upon to prepare， any particular word must have the same spelling，though it may be pronounced in several different ways.

也就是说,这本书并不是为学习中文的外国学生所准备的,而是更适用于已经熟悉了汉语口语的中国人,该方案是为了让所有方言区的人都可以阅读罗马字书籍,因此尽管可能各地区的发音并不相同,但是必须要统一固定每个单词的拼写形式。

在序言中,编者还介绍了几个需要注意的点。如:

关于送气音,该方案没有采用符号"'"或是"h"来标记送气音,而是采用了"g，b，d，dz，dj"和"k，p，t，ts，ch"这两套独立的标音来分别代表不送气音和送气音。

关于字母 y 和 w,该方案决定使用 y 作为首字母使用,i 作为中间的记音符号,而 w 则两者皆可。

关于声调标记,该方案记录五种声调分别为:上平(no mark)、下平(-)、上声(')、去声(')、入声(h)。

关于音节之间的连接,该方案提出:(1)地名的音节之间无需连字符;(2)人名的音节之间用半个空格隔开;(3)"上主、上帝、天主、真神、救主、圣灵"等词的标音每个字开头字母大写且分开书写;(4)"基督、耶稣、耶和华"等词的音节间不用连字符;(5)后缀如"子、儿"、动态助词如"了、着"以及名词后的介词都用连字符与前一个字相连;(6)小品词"的",若"的"加入对整个含义表达有影响则需用连字符与前一个字相连,否则不用。

总体来看,这套罗马字注音方案兼有统一性与宗教性的特征,实用性较强。

正文第 13—30 页是语音表,大致分为两部分,先介绍了该拼音方案所采用的元音和辅音的发音情况等基础知识;后列出了一份按照 26 个字母顺序及对应声母排列的汉字注音表。表格共 11 列,前两列为标准罗马字拼写和汉字,后面依次是北京、南京、汉口、九江、山东东部、山东中部、四川、陕西以及山西9个地方的方言读音注音(图5-11)。编者也对该表中的一些特殊情况作了说明,如:在标准注音中每个字只有一种拼写形式,但在某些方言中可能会有两种不同的读音,则会在之后写出例字;四川一列中如果出现两个读音,则第一个代表成都方言的发音,第二个代表重庆方言的发音;由于山东东部和中部的方言发音差距较大,所以分为两列;字母"h"作为入声标记仅适用于标准注音之中,各方言中并未作记录。我们可以根据这张表格分析总结出该方案所记录的南京话的语音系统。

从第31页起是音节表(图5-12),每页分为两栏,仍是按照字母顺序排列,先写罗马标音(带有声调),后列出同音的汉字,有些汉字后会有括号,内容可能是英文释义或是异体字。

第二册的罗马字注音部首索引共69页,每页分为四栏,按照传统的214部首顺序排列,每列左侧写汉字,右侧为带有声调的标准罗马拼音,如图5-13。

图5-11　　　　　　　　图5-12　　　　　　　　图5-13

总体来说,该罗马字拼写方案还是有一些可取之处的,例如取消了送气音的符号,而是采用b/d/g来代表与p/t/k相对应的不送气音,书写更加简洁且易于区分。该书还总结对比了当时九地方言的拼音,从中可以看出晚清时期汉语语音的一些演变过程,在对比中也可以明显感受到方言中的声韵调的演变要比共同语的变化更早、更快。

但是，书中用于说明的例字较少、还有一些可能是勘误等问题，导致特殊语音现象样本数量过小，难以进行系统研究。该方案也未对所谓的标准拼写的语音系统性质做明确说明，我们猜想其记录的应当是晚清时期的官话共同语，其基础方言的性质也有些难以总结，但大致来讲，肯定不会是北方官话。该书记录方言时也可能存在一些问题，以南京音为例，南京方言中较有特色的入声韵等在该方案中都没有体现。

本章小结

在本章中，我们介绍了晁德莅、李秀芳、钦嘉乐、美在中、鲍康宁等多位外籍学者，他们来到中国后，积极投身于中文教育与传播事业，尤其是针对近代南京官话的教学，他们参与编撰了 *Cursus Litteraturæ Sinicæ*：*Neo Missionariis Accommodates*，*Dictionarium Latino Nankinense. Juxta Materiarum Ordinem Dispositum*，*The Standard System of Mandarin Romanization*，《南京华言学堂课本》等多部南京官话作品。

从成果来看，这些来华传教士、学者除传教外，还带来了一些有别于中国传统语言研究与教学传承的方式，如利用罗马字母注音法给汉字注音、一些可应用于汉语国际教育的现代教学理论、对外汉语课堂的组织、有针对性的对外汉语教学策略、对外汉语教材的编排等，并将它们实际运用于南京官话的教学之中。在中国特别是江南地区，他们创办起了多所近代汉语国际教学组织，如中国教育会（The Educational Association of China）、徐汇公学、南京华言学堂等，这些都可以看作是现代语言学及教育学理论方法运用于汉语国际教育的早期实践。作为成年外语习得者，他们可以更为敏锐地分辨出南京官话与其他方言在读音、用词、语法等方面的一些差异，加以记录，并进行教学，这就为我们留下了诸多宝贵的历史语言资料，以及探索汉语国际教育源流演变历程的研究资料。

相较于其他书籍，教材最大的特点在于其明确的实用性。汉语教材最主要的目的当然就是帮助外国人掌握汉语、了解中国文化。我们也可以发现，不同的教材在实际使用中都有其明确的目标群体。那么编纂时的动机自然就决定了该书的语言、内容、形式等,目的语(包括共同语及各种汉语方言)、使用人群以及适用的教学机构或组织等各种因素都能够清晰地体现在教科书的文本之中。想要突出传教功能的教科书,例如《华语官话语法》,其内容就会引用有关道德或宗教内容的汉语例子,并对官方场合必须遵守的各种习俗以及实用礼仪等都进行解释;想要突出口语对话的教科书,例如《南京华言学堂课本》,其内容就会设置模拟交际环境,特意选择较为简短并且非常口语化的日常会话;想要突出汉语发音的教科书,例如 *The Standard System of Mandarin Romanization*,其内容就会使用罗马字拼音方案给汉字注音,以达到教会使用者开口说标准清晰的汉语音的目的;等等。

由于传统文化背景、教学目的、教育理念、教学对象等诸方面的不同,明清时期的域外汉语教材拥有其独特的个性,同本土字书、韵书、识字读本等存在巨大的不同,值得我们仔细研究,取其精华、学习借鉴。

比如在教材的针对性方面,域外汉语教材的内容选择与编排都是经过深思熟虑的。明清时期的域外汉语学习从其本源来看大都具有实用性目的,如传教士的汉语学习自然与宗教布道相关,从早期传教士的行程活动范围与著述中,可以看出他们来到中国后都有注意到当地的方言土语,同时也都注意到了在中国士大夫阶层或在各地更为通行的官话,因此在编写教材时,根据传教目标的不同,针对不同阶层、不同地域的读者,传教士们编撰了各类方言抑或是官话的汉语教科书以培养所需中文人才。再如针对来华外籍商人、政治人员或翻译人员等的汉语教材,则完全从实践性原则出发,彻底摆脱文言书面语言,全部使用口语词汇和口语表达方式,编写相关对话,以实景的方式进行沉浸式汉语教学。

再比如在教材对教学重难点的注重与解决方法方面。瓦罗在《华语官话语法》中提到汉语的发音,指出它不同于欧洲的各种语言,传教士们学习起来会有很大困难。他指出:"在耶稣会士编的词汇表里,有很多以 m 收尾的词,但我们在写和说的时候,应该把它们看作是以 ng 收尾的词。因为,葡萄牙的教士们在发词尾的 m 时嘴唇不圆,像发 ns 那样;而卡斯蒂利亚人的发音就不是这样。所以应该按照上面我们指出的那样去说和写。"(转引自张美兰,2005)可以看出,作者非常重视根据自己的习得经验以及学习者的实际情况与需求来编写教材。

这些被实际使用过的针对外国人的汉语教材，对我们现在进一步认识汉语的特点并结合外国人学习汉语的难点，改进国内语文教学和汉语国际教育等工作，都具有相当的参考价值。可以说，在当时的汉语交流、教学、研究的背景之下，这些教材是具有开创性的。这些域外汉语教材大都基于作者自身的双语背景，从中外语言的语音、词汇、语法等的差异以及句子等的对比角度描述出汉语的特点，有一定的理论框架基础，有些还借用了当时西洋的语法概念，对我们全面系统地认识汉语语言体系、进行汉语本体研究都具有一定的参考价值，也对我们更科学高效地进行汉语作为第二语言教学的工作具有一定的借鉴作用。

当然，现实的问题是，在外国学习者学习汉语时，汉字的书写、语音中的声调、口语与书面语的对比、官话同方言的比较等诸多问题都是客观存在且很难解决的；再加上即使在当时的西方，现代语言学以及教育学等学科也尚处于发展之中，人们对语言文字的本质以及外语教学等问题还缺乏全面的认识；另外，这些编纂者本身对汉语的掌握也大多仍处于积累的过程之中，即便有些著作邀请了中国人来参与编写，但仍免不了因其本身的认知问题导致一些片面的看法或是谬误，比如对目的语基本性质的确定与描述、对汉语方言文白之别的认识等，这些需要我们在研究参考时加以甄别。

如今，在国际交流日益火热的大背景之下，随着中国经济实力的不断增强和国际地位的不断提高，世界范围内的汉语教育已愈发蓬勃地发展起来。截至 2022 年 12 月，我国已经在全球 160 个国家和地区，建立了 492 所孔子学院和 819 个孔子课堂，遍布五大洲，仅仅在 2022 年就在蒙古国、马来西亚、沙特阿拉伯、英国、罗马尼亚、希腊、意大利、挪威、美国等国家都新增了孔子学院。而今汉语已经在许多国家成了最受重视的外语之一。在 2022 年，全球孔子学院和孔子课堂注册学员总人数已经达到了 150 万人，相较于 2021 年同比增长了 48.51%，亚洲孔子学院和孔子课堂注册的学员总人数达到了 87.7 万人，较 2021 年有了大幅增长，涨幅高达 126.96%；其他地区，如欧洲的孔子学院及课堂学员人数也在稳步增长，涨幅为 9.59%。现在汉语学习者年龄构成也有了明显的变化，据统计，2022 年学习汉语的中学生越来越多，较 2021 年有 109.74％的涨幅，达到了 67.9 万人，小学生、大学生以及社会人士学员数量也都有稳步的增加。①

伴随着当下中文国际教育蓬勃发展的局面，对外汉语教材的编写以及实用汉语教学法等也都在经历着各种全新的挑战。而汉语教科书的编写本身就是一个既需要传承与借鉴，又需要推陈出新的动态变化过程。因此，分析过去的汉语教科书、研究汉语教育史等，都是为了使我们未来的汉语教科书编写得更具实用性、科学性。

通过对近代域外汉语教科书的研究，我们更加明确了，无论是文化教育还是语言教育都需要学会概括和换位思考，做到因材施教。学会概括，就可以将文化和语言中的独特之处展示出来；站在目标国学习者的角度来思考问题，才能达到更加良好的外语教学效果。因材施教也需要体现在多个方面：第一，教材选取的内容要重视教学对象的差异性，并且要符合相关学生当前阶段所具有的知识背景水平，不能让课本与使用者所需知识或所拥有的语言能力差距过大，例如针对中小学学生的汉语教科书应当遵循添加趣味性的编写原则，而针对成年学生的汉语教科书则应当突出应用性的编写原则，另外还要做到在内容选择方面宁愿少而精，不要多而泛；第二，要知道语言教学和文化教学是永远无法分离的，在汉语教科书中一定不能回避文化教学，同时需要注意文化内容所占的比例与主题，对风俗民情等方面的介绍要做到与时俱进；第三，教材的文体需要规范，大到根据不同语用目的选择不同文体，小到其中用词甚至标点符号，都需严谨；第四，教材编写需要配合教学法的具体实施，当今汉语教学无论是在方式方面还是途径方面，都已经发生了巨大的变化，因此在教材编写方面应重视多样化与专门化，形成具有相当特色的教材体系。这样不管是采用较为传统的背诵重复识记的方式，还是进行沉浸式情景式的教学，都能够选取类型相互匹配融合的教材，使教学工作事半功倍；第五，要清楚教材终究还是为了达到最终目标的工具，需要明确学习知识的用途，做到学用结合、以用促学等。总之在编写教材时，我们需要结合教学需求，进一步关注教科书体系的专门化、多样化、科学化与系统化等。

---

① 　数据来源于"孔子学院全球门户网站"《孔子学院年度发展报告 2022》。

第六章　南京官话的发展与演变

在度过了以南京官话为标准音的时代后,到了晚清民国时期,汉语共同语系统经历了"南京官话→南京官话/北京官话→南北官话混合"的三个阶段。在 1850 年前后,通语由南京官话变为北京官话,当时的各种汉语教科书的目标语言也由南京官话改为北京官话。不过,南京官话并没有消失,而是仍在南方通行。南北官话并存也成为晚清语言的重要特征之一。

现代汉语普通话的语法形式与词汇形式,可以说是南北官话以及少数其他方言混合的结果。词汇的混合大多是择其中之一,而语法的混合则更多呈现为多种南北官话语法形式的并存。因此,要弄清今天普通话词汇和语法形式的来源,就必须对清末民初南京官话和北京官话两者的词汇和语法都做出梳理。

例如汪维辉(2014)考察了"今天"类词,认为其起源于江淮地区,明末清初开始向西南以及淮河以北等地区扩散。在 20 世纪初成书的《小额》中,已经超过了"今儿(个)"类词,居于优势地位。这种现象产生的原因,可能是由于原本作为正式体的"今日"类词在当时已经被视作文言词,而"今儿(个)"类词的口语性则较强,不太适用于正式体,因此"今天"类词因其兼具通俗体和正式体的双重性质而成了词意的主导词,实现了从南京官话进入共同语之中的转变。

再如现在普通话中介词"给"只可以表示被动但不能表示致使,其实在很多方言中都拥有相同形式的致使标记和被动标记(如宁波、福州、厦门等地),根据语言类型学和历史语法的研究,是致使标记演变成了被动标记。从表面看,普通话中的"给"似乎在这一演变过程中有了缺失,但如果从南北官话混合的角度看,也即普通话是从南京官话中借用了"给"的被动标记用法,而没有借致使标记用法,而并非自发地、跳过了致使标记用法直接产生被动标记用法,便是合理的。

第一节　接触语言学理论

一般来说,语言的演变主要可以分为内部因素促动的演变和接触引发的演变两种类型。因此,我们在研究任何一门语言或是方言时,都不能仅仅从其内部演化的角度来分析,语言接触也是语言或方言不断发生变化的重要外界因素,不可忽视。

接触语言学是 20 世纪新产生的一门语言学分支学科,它是从社会语言学中分离出来的,给语言研究特别是汉语方言研究提供了一个新的视角。一般认为,接触语言学的产生是以 1953 年瓦茵莱赫(Weinreich)出版《语言接触》(又译《接触中的语言》)①一书作为标志,但是直到 1979 年 6 月,在比利时首都布鲁塞尔举行的第一次国际语言接触和语言冲突大会上才开始使用"接触语言学"这一术语。②

人类社会活动的诸多动因,例如贸易、迁徙、传教、战争、灾害等,都推动着文化的交流与互动,也为语言的进一步接触提供了先行条件。不同文化之间的交流实际上就是不同人之间的交流,而不同人之间的交流,又必然会导致语言接触行为的产生。语言接触,简单地说,就是指特定的语言个体或语言社团同时熟悉并使用一种以上的语言。③ 因为没有某个语言是可以在完全孤立于其他语言的情形下发展起来的,所以任何一种语言在演变、发展的过程中都会在不同程度上跟其他语言发生接触,而语言接触又常常会导致语言发生演变。

广义的语言接触其实无处不在,因为"每一个言语社团都向它的邻区学习","往往成群成批的人步调一致,采纳或爱好或嫌弃一种言语形式。在同年龄,同职业,或邻近聚居的一伙人里面,一种言语风尚辗转传递,互

---

① Uriel Weinreich, *Languages in contact*, *findings and problems*. New York: Linguistic Circle of New York. 1953.
② 张兴权:《接触语言学》,北京:商务印书馆,2012 年,第 78 页。
③ 吴福祥(2007),参看 Weinreich 1968[1953];Harris& Campbell 1995,Campbell 1999;Thomason 2001,2003.

相学习"①。语言接触当然也会在不同层面上对语言的各要素包括语音、词汇、语法等都产生影响,其中最为常见的当属对词汇的影响。

陈保亚(2006)通过对语言接触的研究指出,语言分化以后,其音变、语法特征是可以相互扩散的,并且不同语言的音变、语法特征也是可以相互扩散的。所以,现代亲属语言或方言的共同特征并不一定是亲属语言或方言分化以前的共同特征。共同的音变、语法特征有可能是按照语言演变的普遍趋势发展出来的,也有可能是亲属语言或方言间互相接触通过扩散的方式形成的,还有可能是亲属语言或方言共同受其他语言的影响而形成的。因此,音变、语法特征常常会形成交叉的现象。简单来说,两种语言或方言所共享的特征可能是语言接触的结果。

吴福祥(2007)曾总结了语言接触可能引发的受语系统演变有:特征的增加(addition)、特征的消失(loss)、特征的替代(replacement)、特征的保留(retention)。

语言接触可能引发的受语类型演变有:借用(borrowing)以及转用引发的干扰(shift induced interference)。

可以用来预测接触性演变的程度和种类的"预测因子"可分为语言因素和社会因素两大类。其中语言性的预测因子主要有:普遍的标记性(universal markedness)、特征可并入语言系统的程度(degree to which features are integrated into the linguistic system)以及源语与受语之间的类型距离(typological distance between source and recipient languages)。而社会性的预测因子主要有:接触强度(intensity of contact)和语言使用者的态度(attitudes of language users)。

接触引发的语言演变机制可能有:语码转换(Code-switching)、语码交替(Code-alternation)、被动熟悉(Passive familiarity)、"协商"("Negotiation")、第二语言习得策略(Strategies of second language acquisition)、双语人的第一语言习得(Bilingual first language acquisition)、蓄意决定(Deliberate decision)。

其实语言接触理论在汉语研究中也有不少运用。早期的历史语言学

---

① 布龙菲尔德:《语言论》,北京:商务印书馆,1980年,第549、586页。

理论是建立在分化演变的模式上的,高本汉将历史比较法引入到汉语语音史的研究之中,也即认为所有语言是从同一祖语分化而来,再各自独立发展的。他(1949)认为:"几乎所有现代分歧巨大的方言都能一个个合理而系统地从《切韵》中导出。"可以看出,他没有注意到因方言接触而产生的语音的互相影响融合,这并不符合语言历史发展的科学规律。

在此之后,中国的语言学家们便不断引进新的语言理论来取代这些传统观念,打破了语言系统同质的假说。例如,潘悟云在《语言接触与汉语南方方言的形成》中指出:"汉语南方方言不是从北方方言中分化出来的,而是古百越语在北方语音的不断影响下,发生语言的混合,旧质不断消亡,新质不断增加而形成的。历次中原移民的南迁都在方言中留下影响,形成多个层次的叠加。"他在《竞争性音变语历史层次》中提出:"历史层次分为两类,一类是由语言接触形成的,称为外源性历史层次;一类是语言系统内部由于滞后音变而产生的层次,这个层次是方言内部音变的词汇扩散形成的,称为内源性历史层次。"

第二节　从接触语言学角度看南京官话与共同语

基于普通话本身来源于方言而又高于方言的特殊地位,可以说每一个汉语方言都是在不断向普通话集中的,而从历时性的角度来看,这一情况表现为不同的汉语时代变体也会与共同语相互影响,不断靠近,这在南京地区也不例外。从早期南京官话的形成;到后来受到政治、经济、文化中心北移的影响使北京话开始变为共同语并占据主导地位,从而进一步导致南京官话的式微;再到之后当地人口日趋激烈的流动,导致南京话的急速变动,这种变化过程一直都在推进之中。当然,这种变化并不是单向的,而是一种相互影响、相互渗透的过程。

从南京官话的形成过程来看,这本身就是一次语言接触与互相渗透的结果。前文也提到了,在汉语史上曾经长期存在着南北音的对立,这源于西晋末年中原士民的"衣冠南渡"和南北朝的对立。西晋末年五胡入华,中原大乱,大批中原衣冠士族南下江淮,定鼎南京,汉族正统政权第一次转移到了南方,东晋南朝治下的江南迅速崛起。这次的民族大迁徙也给这一地区的语言发展带来了极大的影响。

首先,北方方言扩展到了江南,中原雅音被中原士族带到了长江中下游地区,吴楚旧地都成了北方方言区。在这个新的北方方言区中,出现了两股对抗的力量,一方面是本地士民想要竭力维护其原本的吴音,另一方面是外来的北方方音的强势入侵。由此在双方的渗透交流之下,在这个新的环境中,本地的方音受到了外来的中原雅音的冲击而发生了变化,形成了一种新的方言,也即江淮方言。当时的南京作为政治、经济、文化中心,其地语音必然地成了江淮方言的代表,《颜氏家训·音辞篇》对语音"推而量之"后,也将"金陵"摆在了"洛下"的前面。自此,江淮官话或者说南京官话,这种直接承袭于北方雅言与本地方音的共同语便拥有了其"正统"的地位。

之后,虽经过数次历史性的大变动,例如政治中心北移、人口迁徙等变化,但是南京官话的正统地位未见明显动摇,我们认为它仍然可以看作是共同语的基础方言。在此过程之中,南京官话可以说一直保持着其相对稳定的状态,同时在历代又皆有变化。到了明朝,南京被选作都城,并从此进入了前所未有的重要发展时期,第一次成了全国性统一王朝的都城,其政治、经济、文化乃至人才资源等各方面在全国的优势地位更加突出,并且对后世产生了深远的影响。[①] 这一时期,有社会政治方面的重要地位,有历史遗留下来的作为民族共同语的语音基础,再加上直接承袭自中原雅音而带来的士族先天传统心理选择优势,南京官话的重要性不言而喻。直至清代中后期,受到政治、经济等因素的影响,北京话的影响日益向全国扩展,语言地位得到了不断的巩固和提升,共同语的基础也从南京官话向北京官话发生了转移。

但张卫东(1998)指出,从某种意义上来说,"彻底认识南方官话是准确把握近代汉语的关键",在一段漫长的时间中,南京官话一直充当着汉民族的共同语,在沟通各地方言,促进民族团结与融合等各个方面都起到了极为重要的作用与影响。

语言的发展往往同政治、社会等的发展紧密相关,而大规模的人口迁

---

① 范金民:《明代南京的历史地位和社会发展》,《南京社会科学》2012 年第 11 期,第 143—151 页。

移则可以看作是语言变迁的主要动力之一。自魏晋洛音南下形成南京官话，到明初定都南京确立南京官话的优势地位，再到明成祖迁都，大批江淮人士移民北上，将南京官话扎根于北京城，南京官话一直都处在接触所带来的变化之中。

之前也提到过，语言接触的影响是双向的，即使在基础方言由南京官话转变为北京官话之后，由于南京官话本身长期占有重要地位的特殊性等，共同语仍然会持续受到南京官话的影响而产生一些变化。到了现代普通话中，仍可以看到南京官话残留下来的痕迹。

郭锐、翟赟、徐箐箐（2017）提出主要有四大因素导致了近代南京官话的地位上升、北京官话的地位下降，从而使南京官话成分渗透进国语，造成南北官话的混合，包括：（1）清王朝灭亡（1911）。北京官话之所以能取代南京官话成为共同语，与北京话是朝廷的语言有关，清王朝灭亡自然会带来北京话地位的下降。（2）新文化运动提倡白话文以及新文化运动的主要成员语言（南方系方言居多）的影响（1915—1923）。新文化运动提倡的白话文以明清白话文为典范，而明代和清中前期的白话文以南京官话为基础，提倡白话文使得南京官话影响扩大。新文化运动的主要成员以南方人居多，受南京官话影响大，其作品所带南京官话特征也对国语产生影响。（3）南京国民政府建立（1928—1949）使南京话地位提高。（4）抗日战争时期文化南移（1931—1945）。抗日战争使北方的大批知识分子南迁，进入南京、上海、武汉、重庆等南京官话的势力范围，这些北方知识分子的作品也受到南京官话的影响。

从明清时期各种流传范围更小一些的其他官话也可以看出语言接触带来的南京官话的特征影响，以琉球官话相关教材为例，濑户口律子（2011）就明确提出，研究17至18世纪左右琉球人学习汉语官话的课本的语言特征后，可以发现这是在南方地区普及的一种官话，并且它明显不是北京官话。虽然总体来说，琉球官话的语言体系更多地受到了如福州话等的影响，但是鉴于南京官话更为广泛的使用范围以及更加强大的影响力，其中仍可以发现不少受南京官话影响的痕迹。例如：动词"吃"与"茶、酒"等的组合使用（吃杯茶凉凉再去。《白姓官话》/大家终日只是吃酒取乐。《学官话》）；倾向使用"晓得"来代替"知道"（礼数都不晓得。《广应官话》/

我讲的话，句句都是道理，你晓得不晓得。《广应官话》）；等等。

这种痕迹不仅表现在口语之中，在书面语写成的文学作品里也有所体现。出于对受众以及传播范围的考虑，除了特定的方言作品，多数的汉语文学作品都是用通用语来写成，从总体数量来看纯粹的以方言为基础的文学作品并不多。但是，可能是受到作者自身方言或者作品流传地域的影响，其中一些用共同语写成的作品中也会残存着或多或少的方言成分，呈现出一定的方言色彩。

例如《红楼梦》之前被广泛认为是用北京话写成的，清代太平闲人（张新之）就曾说："书（指《红楼梦》）中多有俗语巧语，皆道地北京话，不杂他处方言。"但是，也有不少研究者指出《红楼梦》中也夹杂着不少其他的方言成分，其中就包括下江官话。

戴不凡（1979）认为，《红楼梦》是"京白苏白夹杂"，"纯粹京语和地道吴语并存"的作品，他举出其中的三类方言词语包括南京话、扬州话以及吴语词汇。南京话词汇有凤辣子、老爹、憨顽、花胡哨、清爽些、煨、絮聒、出月、盘缠、汗巾子、浑话、便宜等；扬州话词汇有这会子、才刚、吃、没得等。

卢兴基（1980）认为："《红楼梦》里有南方话，这里指的就是曹雪芹幼年（少年？）时期生活过的地方南京、扬州一带的下江官话和以苏州为代表的吴语方言。"他引了第三十九回脂批："按此书中若干人说话语气及动用前照饮食诸赖（类），皆东西南北互相兼用。"说明《红楼梦》中有南方话的成分，他用凌濛初的《二拍》作为南方话的参照对象，比较列举了其所认为的《红楼梦》中的南方话词汇，例如：促狭、尴尬、不识（不懂）、事体、早起（早晨）、滚水、吃（喝）、厌（嫌）、大阵仗、狼犺、发热（发烧）、老货、下作、搪搪（挡挡）、相打（打架）、绞家星、煞（啥）、杀、煞（极）、底（这）、闹热、才刚、好缠、难缠、面汤、嚼（嚼舌）、没的（没有）、眼热、中觉（午觉）、莽撞、冒撞、挺尸、受用、木头（呆笨的人）、爬灰。他还通过《红楼梦》的不同版本以及前八十回和后四十回的对比来论证《红楼梦》中的方言成分。例如，他指出正本第十七回的"此时王夫人那边闹热非常"，在庚辰本和高鹗的乾隆一百二十回本中都改为了"热闹"；再如正本第四十回的"才刚那个嫂子倒了茶来"，在庚辰本中改为了"刚才"；等等。这些都是因为庚辰本的抄手以及高鹗都是北方人，他们对南方话不熟悉，便误以为是底本的笔误，所以按照北方话的习惯说法对南方话的词语进行了修改。

王世华(1980)也指出："《红楼梦》语言的地方色彩突出地表现在书中有不少下江官话的语音、词汇、语法现象。"作者以庚辰本和程乙本进行对比,发现庚辰本中的一些方言词语在程乙本中被修改或者删除了,例如第三回凤姐出场的第一句话,庚辰本中作"我来迟了,不曾迎接远客",而程乙本中把"不曾"改成了"没得",这个"没得"正是南京话的词汇,所以作者认为"程乙本的整理、抄刻者应该是了解下江话,而且熟悉口语情况"。

现代"普通话"也是如此,其基本定义中有"以典范的现代白话文著作为语法规范",但是那些被选择的典范的白话文著作的语言"远远不是均匀、一致的,甚至同一部著作内部也不一定都一致。朱德熙(1999)指出,这些著作的语言跟基础方言北京话的关系或远或近,在不同程度上受到作者本人的方言的影响和干扰"。例如鲁迅先生的著作,可以说是公认的中国白话文著作的典范,但是其作品语言中也带有不少典型的江淮官话的特点,与老舍、赵树理等北方出身的作者的作品语言特点存在大量的、系统的、规律性的不同。李炜、李丹丹(2006)就研究了作使役动词、作介词引进动作行为的施事(表被动)以及作介词引进与事(若干种)的"给"的不同用法,认为鲁迅的作品中存在用给予动词兼表使役和被动的用法,而赵树理的作品中则是可以用给予动词来兼作与事介词,其中包括引进受物者、受益者(含引进受害者和表主观意志义)、引进与动作行为相关的物件,前者是南方官话的特点,而后者是北方官话的特点。同为现代典范白话文,鲁迅和赵树理的作品有如此的对立,这既可以说是作者本身方言特点的体现,也可以说是地域方言在共同语中的渗透残留。

北京话书面文献直至清中叶之后才开始出现(郭锐等,2017),其中正式体的词语相对来说数量比较有限,由此北京官话的正式体词语缺位现象就远比南京官话显著与严重,这就大大增加了南京官话词汇进入汉语共同语的必要性。作为"前任"通语,南京官话从普及程度、重要程度等各方面来说,都是毫无疑问的最佳选择。另外,在当时还普遍存在"北俗南雅"的语言观念,从达官贵族,至平民百姓,再到西洋使者,大都认为南京官话更为文雅,而北京官话较为通俗。例如清初的法国学者弗雷莱就曾提出:

官话的中心是南京,北京宫廷里的人虽然逐渐习惯了北京话,但是文人们认为北京话有较多的粗鲁成分,因而不予好评。(转引自何久盈,2015:167—168)

长白老民(1903)在《推广京话至为公义论》中也提出:

世界各强国无不以全国语言一致为内治之要端,故近年吾国洞达治体者,亦无不深明此理,南省仁人亦多以推广京话为言,……则惟显宦及名士往往力为反对,……其在北人,则因二百余年常隐然为南人斥吾之陋,故务作高雅之论,不敢言推广京话以取南人讥笑。……其在南人则狃于千数百年自居文明之故见,以为惟江南为正音……(转引自李宇明,2015)

张美兰(2021)、李贤中(2021)等通过考察清末南北官话相关语料,提出南京官话词汇因其存古的性质,可以反映出书面语体的风格;而相应地,北京官话词汇则因为其用词新颖,而多反映出口语的语体特点,这样也就更容易使人感受到"北俗南雅"的区别。

当然,由于文学作品更易被记录、流传的性质,相较于口语,我们的感受可能更加直观,但实际上在口语共同语中,南京官话的渗透要素也是可以察觉到的。

据郭锐等(2017)对《官话类编》词汇的研究,南北官话差异的词汇传继到普通话中的数据为:

表 6-1 《官话类编》有南北话差异的词汇与普通话词汇的统计

来源	传至普通话	比例	总比例
北京官话	976	39.2%	52%
南京官话	643	25.8%	38.6%
南北共存	318	12.8%	
其他来源	553	22.2%	
	2490	100%	

可以看出,大部分的现代普通话词汇来自北京官话或南京官话,且南京官话词汇在其中占比颇高。可以说,南京官话是现代汉语共同语的重要来源与组成部分。

根据我们之前的研究,再参考普通话和北京官话相关词汇,可以明显看出普通话词汇中有些是来自北京官话,有些是来自南京官话,还有些同义词可能分别来自南北官话。

例如普通话中有不少常用词汇来自南京官话(见表6-2):

表6-2 来自南京官话的普通话常用词汇

南京官话	北京官话	普通话
冰雹	雹子	冰雹
医生	大夫	医生
应景	对景	应景
整天	整工夫	整天
收拾	归着	收拾
汗衫	汗褟儿	汗衫
老鼠	耗子	老鼠
黑夜	黑下	黑夜
今天/明天/后天	今儿/明儿/后儿	今天/明天/后天
鸡蛋	鸡子	鸡蛋
每天	见天	每天
觉得	觉着	觉得
抹布	墩布	抹布

在语法方面也是如此。

吴福祥(2009)在讨论语言接触中的平行语法复制及特征迁移时曾提出:"在语言接触及由此导致的语言演变中,一个特别常见的情形是,语言A某一特征F的存在并不是一种孤立的接触引发的语言演变现象,相反,在这个语言里通常还有其他'语言B>语言A'特征迁移的实例。特别是,如果这些假定的特征迁移的实例之间是互相独立并且涉及不同的迁移种类(比如语法复制、语法借用以及词汇、语音成分的借用等),而相反的特征迁移实例(即'语言 A＞语言 B')未曾发现或相对罕见;那么语言 A 里 F 的存在应该来自语言 B 对应范畴的迁移。"

吴福祥(2008)参照 Heine 的相关论述将接触引发的语法演变机制分为"语法借用"(grammatical borrowing)和"语法复制"(grammatical replication)两种:"语法借用"指的是一个语言(源语)的语法语素(语法性的音-义单位,即虚词及词缀)迁移到另一个语言(受语)之中,比如很多南方民族语言从汉语借入结构助词"的"和介词"比"。"语法复制"则包括"接触引发的语法化"和"语法结构复制"两个方面,前者是指一个语言(复制语)对另一个语言(模式语)的语法概念或语法概念演化过程的复制,后者是一个语言(复制语)对另一个语言(模式语)语法结构的复制。其中"语法结构复制"又可以进一步分为两个小类,一是"语序重组"(reordering)或称"结构重组"(restructuring),即一个语言(复制语)的使用者依照另一个语言(模式语)的句法和形态模式来重排(rearrange)自己语言里有意义单位的语序;另一个是"构式复制"(constructional replication),即一个语言的使用者依据另一个语言的模式,用自己语言的材料构建出与模式语对等的(形态/句法/话语)结构式。

举例来说,我们在讨论南京官话语法特征时提到的能性助动词"得"的表达结构,其肯定形式和否定形式在现代汉语普通话中存在明显的使用频率上的不对称性,相较于"得 V"的几乎未见,"不得 V"明显在普通话中被更加广泛地使用,这便可以看作是南京官话的表达传承到了现代汉语共同语之中。它也符合吴福祥所总结的语法结构复制中的语序重组的小类的特征。

再如反复问句,赵元任(1979)就指出北方话倾向使用"VO＋neg＋V"的形式,而到了张敏(1995)的研究就已经发现"北京话中今天最为流行的中性问句并不是本土的 VP＋neg＋V,而是外来的 V＋neg＋VP"[①]。总体来说目前"V＋neg＋VO"的句法形式,已经在普通话中占据了优势地位,这也可以看作是南京官话渗透进入现代汉语共同语的一个特征,是一种接触引发的结构重组。

---

① 转引自张敏:《江淮官话中的句法变化:地理分布如何解释扩散的历史》,《境外汉语历史语法研究文选》,上海:上海教育出版社,2013 年,第 377—428 页。

由于地理等方面的因素,现代南京方言应当可以看作是直接承袭自南京官话的一种汉语变体。作为一种正在使用的语言,南京方言也在不断地变化之中,它与共同语的影响当然是双向的,甚至由于普通话越发普及、交流更加频繁等,如今南京话的新派和最新派正在迅速向普通话靠拢。鲍明炜(1980)认为:20世纪50年代以前,南京话受外地因素的影响主要来自苏北和皖北的移民,50年代以后的影响源则是普通话。从不少语音方面的变化都可以看出这种影响,例如吴波(2007)就指出,南京方言由于外部因素的影响发生了"n-/l-"互分的非自主音变,最新派的南京话向普通话靠拢的趋势已经相当明显,这种趋势的变化速度超过了以往的任何阶段。

第三节　从接触语言学角度看江淮官话与吴语

由于所在地理位置相近,江淮官话与吴语之间也会较常出现语言接触导致的相互影响。

南京方言本身可以说是南京官话的重要基础来源之一,而作为南京方言上属概念的江淮方言,由于地处南北方言的交界地段,夹在中原官话和吴语之间,兼有中原官话和吴语的一些特点,本身就具有过渡性质,其语言特征往往也会显示出汉语方言的历史演变痕迹,其与周边各个方言也多有交流以及相互的影响。

江淮官话是官话方言下位中的一个方言区,在《中国语言地图集》(1987)之前通常叫作"下江官话",袁家骅等(2001)的定义是:"江淮官话,即下江官话,分布于安徽、江苏两省的长江以北地区(徐州蚌埠一带属北方方言区,除外)和长江南岸九江以东镇江以西沿江地带。"

吴语是我国七大方言集合之一,使用人数颇多,其分布地域包括上海市、江苏省东南部、浙江省、江西省东北部、福建省西北部以及安徽省南部古宣州地区。

从地域分布来看,江淮官话与吴语使用地区有不少交界之处,因此也就必然会发生语言的接触与互相影响。在江苏境内,江淮官话主要分布于南京市、扬州市、淮安市、盐城市、镇江市、南通市、连云港市、泰州市、宿迁市等地(刘祥柏,2007)。在长江以南的吴语区内,如江阴、张家港、吴江等地,还有一些江淮官话方言岛的分布。因此可以看出江淮官话与吴语使用地区有不少交界地带,如丹徒、丹阳、金坛、靖江、溧水、通州等地,他们的一些过渡性质的方言都比较复杂,有的是老派属于吴语,新派属于江淮官话。

各个方言区之间人们的交往、人口的往来流动等都会促使方言间的交流渗透,并可能进一步导致方言区边缘出现"模棱两可的方言"。赵元任在《吴语对比的若干方面》中就提及:"在江苏,只有东南部是吴语区。我的家乡常州几乎是吴语区西端的最后一个城市,跟南方官话区接壤,中间夹着'吴头楚尾'的丹阳。"[①]据史皓元、石汝杰、顾黔(2006),江淮官话与吴语间的过渡带就包括镇江、丹阳一带,溧水、通州一带以及铜陵、芜湖一带。

边界方言与行政边界的关系分为重合与不重合两种,通常来说以后者居多,但是也不排除在某一较小的行政区划内出现两种或两种以上的方言的情况。例如郑伟(2016)指出,在江苏丹阳、金坛、溧阳、高淳等县,都出现了方言分界。以丹阳为例,其东部吕城一带和武进话相近,有浊音,入声分阴阳;中部丹阳城镇一带单字古浊塞音、浊塞擦音读不送气清音,但连读时仍有浊音,入声分阴阳;西部贺阳一带浊音基本消失,入声只有一类。入声分两类、保留浊音的为吴语型方言,入声一类、浊音消失的为江淮官话型方言。

江淮官话本就是从吴语转变而来的,其中自然有许多吴语成分。如在南朝时洛阳音已在建康逐渐占据优势,但《宋书·顾琛传》中仍有:"先是宋世江东贵达者会稽孔季恭、季恭子灵符、吴兴邱渊之及琛,吴音不变。"因为语言的大规模转变是一个缓慢的过程,不可能一蹴而就,直到南朝末年,《颜氏家训》还有"南方士庶,数言可辨"的表述。此后,江淮官话进一步向北方话转变,但是这只是一个大方向,其中仍可能有一些反复,例如鲍明炜(1986)指出,明代南京人口的组成经历了大变动,调整后"如果富民当中苏浙人为多,再加上所谓'仓脚夫',则南京话中吴语成分应有所增加"。

相较而言,以南京话为代表的江淮官话对吴语的影响却较小,据吕文蓓(2010)的调查,这种影响在语音上甚至是"零"渗透,在词汇方面也仅有极少数的南京方言特色词语被采纳(例如烦神、犯嫌、异怪)等,并且发音人只是借用了南京话中的这些用法,声韵调系统却是混乱的,并不完全是南

---

① 赵元任:《赵元任语言学论文选》,北京:中国社会科学出版社,1985 年,第 6 页。

京音。

社会语言学认为,方言有强势和弱势之分,并且这种关系是相对的。强势方言在语言融合和竞争过程中,会让人产生依附性心理,带给周边弱势方言更大的影响而自己的改变却小得多。由于总体的经济、文化的发展不平衡性,再加上本地人的语言心理,许多人都会觉得吴侬软语更加好听动人,江淮方言在与吴语的接触过程中,渗透进入吴语的语言特征相对较少,便是因此。

当然江淮方言还与其他的一些方言有所接触,例如:与赣语的过渡带包括安庆、怀宁一带,九江、瑞昌一带以及通城、咸宁一带;与中原官话的过渡带包括怀远、淮南一带和东海、泗洪一带;等等。我们认为这些地区的语言接触与互相影响也值得进一步深入研究

本章小结

袁家骅(1960)在评述现代官话时曾提出:"(现代)官话内部的语法基本一致,词汇大同小异,人称代词、指示词、疑问词等常用词汇相当一致。"这就是"官话"的一种特性,我们认为不止现代,其实在各个时期,"官话"都具有这样的特点,甚至可以说这种超越地域的通行性才是官话设立的初衷。《正音撮要·卷四》中也有提及:"既为官话,何以有南北之称?盖话虽通晓,其中音、声韵仍有互异,同者十之五六、不同者十之三四。"但是,无论是明清时期的南京官话,还是现代的普通话,在其求同存异的关键之外,总会有着词汇、语法上无法避免的各个方言特征。而这些"异",有些是来自旧时的源语言,有些则是通过语言接触而导致的新变化。

语言之间的相互接触会诱发和导致各自语音、词汇、语法等一系列的演变,因此想要判断接触性演变的先决条件当然是需要证明相关的语言之间存在或者曾经存在过接触关系。

在某一个语言或方言中并存的不同形式,都应该归于历时或空间的不同层次。现代汉语普通话中不少同义异形的词汇、语法都可以追溯其来源,从各时期的不同方言或时代变体中找到出处,其中当然也包括南京官话。

结　语

一、本书的主要观点

明清以来，随着大量的西洋传教士、学者以及外交、商务人士的来华，他们从各自的实际需求出发开始学习汉语，有些选择学习官话，有些选择学习各地方言。在此过程中，官话因其适用范围更广、可理解人群更多而备受青睐。直到清中后期共同语进入了南京官话向北京官话转换的阶段，也即 19 世纪 50 年代左右北京官话取代了南京官话的位置，在此之前南京官话一直作为共同语的基础方言，占有十分重要的地位。

在学习汉语的过程中，这些外籍的学者以及传教士们还编撰了许多汉外字典、汉语教材以及翻译作品等。目前来看，汉语学界对这些域外文献的语言研究还未成系统。这些资料中有很多内容都如实记录了当时的南京官话以及以南京官话为目的语进行对外汉语教学的相关情况，具有十分重要的价值。因此，我们选择了其中的部分南京官话性质较为明显的材料来进行研究，以期能够弥补这一缺憾。除了分析研究一些性质较为单一的作品的语言特征以外，我们认为另一个很重要的研究方法是将南北官话进行对比，寻求其中的差异，从而更好地描述它们各自的语言特性。南北官话作为两个不同的汉语变体，它们应当既存在对立性差异，也存在倾向性差异。因此在选择参项的时候，我们既要重视区别性特征的有无，也要重视区别性特征的多少。

作为本书的研究基础，我们首先明确了南京官话的基本性质，它既不是所谓的地方普通话，也不完全等同于南京方言，南京官话应当是指一种包含有南京地方特色的明清时期的汉语共通语，它同时具有地域性与时代性的双重特质。

我们认为，近代南京官话有其明显的标志性词汇、语法，我们总结这些特征词汇及结构,可用于鉴别相关语料性质,了解语言接触与传播所带来的相关影响与改变,以及研究现代汉语共同语的部分底层来源问题。

在词汇方面,我们的研究语料不仅选取了单一性质的南京官话的教材,还采用了南北官话异文互照的资料,这样做更便于比较总结出南北官话词汇系统的异同。我们选取了一些在此前的研究中并不多见的近代来华外国人所著的汉语教材资料,包括《新校语言自迩集散语之部》的学习笔记、泊园文库藏《官话指南》学习笔记、《南京华言学堂课本》以及《华语拼字妙法》等,先对它们进行了简单的介绍,然后利用这些语料来研究其中所记录的南京官话的词汇。在研究中,我们以某词出现频率的高低来作为基本的评判标准来判断其是否具有南京官话的特征。我们从以上的语料之中总结出不少南京官话的特征词汇,例如关于词尾"儿"和"子"南京官话和北京官话使用中的许多不同;还有如南京官话中指示代词倾向使用"这里/那里",疑问代词倾向使用"那个/什么人",心理动词倾向使用"欢喜""晓得",副词倾向使用"顶""不要",介词倾向使用"从";另外还有一些特征性的动宾搭配例如"吃茶""泡茶""转弯""烧饭";等等。

在语法方面,我们主要考察了近代南京官话中所使用的一些较为特殊的语法形式。例如前置状中结构的"得 V""不得 V"的句式,后置述补结构的"V 得 OC""VO 不 C"的句式以及用来表示可能性或必要性的能愿动词"好"等,这些都可以看作是南京官话的特征语法形式。

我们还引入了语义地图理论来研究南京官话相关词类的语义关联及其虚化轨迹。语义地图理论可以对语法领域中的同形多义现象进行有条理的梳理,并且还能很大程度地减小由于取样不足或不均衡而导致的结论准确性的偏差,是一种十分适合用来进行汉语方言语法研究的理论系统。我们尝试制作了南京官话中的"把"以及替代类连-介词"替""代/带""告"的语义地图,并且分析了它们的语法化的演化路径。

总体来说,在语音和词汇的研究方面,对立性的差异更为明显,我们可以较为明确地描述、总结出这些西洋人所记录的他们学习到的当时当地正在使用的南京官话的语音系统和词汇特征;而在语法方面,根据对这些域外作品的分析研究,及将它们与北京官话语料的对应语法进行比较,我们能更多总结出的是南京官话的特色句式在选择使用方面的倾向。

在介绍近代汉语国际教育情况方面,本书通过对晁德莅、李秀芳等来华传教士在本土进行汉语教材编撰、南京官话教学等工作的介绍,以及对若干所用语料相关的近代汉语国际教学组织,如中国教育会、徐汇公学、南京华言学堂、日本兴亚会等的梳理,观察与研究了现代语言学及教育学理论方法运用于汉语国际教育的早期应用实践,为对外汉语等应用型学科的进一步研究提供了历史源流支撑与未来发展基础。结合这些近代南京官话教学以及汉语教育史相关情况,我们提出了一些在今天汉语国际教育中应当注意的问题。如在现代汉语国际教育教材编写时应当注重因材施教,这体现在多个方面:教材选取内容要匹配教学对象,符合相关学生当前阶段所具有的知识背景水平;注意文化教学与语言教学的有机结合、与时俱进,不可有所偏废;教材的文体需要注意规范;教材编写需要配合教学法的具体实施;等等。

我们还运用了接触语言学的相关理论方法来说明了南京官话形成以及发展过程中,受到外界接触影响而导致的语言所发生的变化。这种语言接触的影响也仍存在于如今的汉语普通话之中,可以看作是南京官话在共同语之中的残留。

二、不足之处及对未来研究的展望

本书以近代域外资料中的南京官话作品作为研究对象,目的在于描述当时南京官话的基础面貌,研究和总结南京官话在词汇、语法等方面的语言特征,并对近代汉语尤其是南京官话的国际教育情况做出梳理,从中总结经验,为现代汉语国际教育的教材编写、教学安排等提供有益借鉴。

但是,基于南京官话本身的特殊地位、相关材料的语言基础性质不够清晰或难以鉴定以及本人在语言分析等方面的不足等诸多因素,本书仍有许多可加改进之处。例如,所选取分析的语料数量与种类比较有限,可能会导致结论的狭隘;对南京官话的语音以及词汇的特征概括仅窥得一隅,不够全面;对南京官话语法的特征分析也浮于表面,有许多有特色的语法点还未涉及;针对现代汉语国际教育的建议比较宽泛不够具体;等等。因此,我们认为关于近代南京官话及其教学,还有许多有待进一步研究与探索的问题。

例如,期待未来可以找到更多的以南京官话为基础的语料,加大基数以分析得出更为准确的南京官话语言系统的全貌；引入更多、更合适的现代语言学的相关理论知识，对南京官话的形成、发展过程进行更加科学的研究；不局限于时间与地域的限制，跳出单一系统的研究，分析南京官话与方言及共同语更多的交流与相互影响；等等

目前汉语学界对南京官话缺乏系统性研究，我们认为其中一个很重要的原因就是南京官话的可供研究的历史材料相对较少，即使有一些语料注明是南京官话，其中的语言系统可能也比较模糊，并不能直接用来作为南京官话的研究对象。再加上重书面语轻口语的倾向，能够流传下来的记录和反映口语的历史语言材料本就很少，其中大部分材料还是反映北方口语的，即便有一些方言剧种的戏文以及方言小说等，其中也有较高的仿古趋雅的成分，因此将其用作方言口语材料来进行研究还是有很大的局限性。朱德熙（1987）就指出："进行语法研究的时候，必须区别语料中的不同层次以保证研究对象内部的均匀和一致。"所以，确定好研究语料是进行南京官话研究的第一步，也是至关重要的一步。

随着更多域外材料的引入，例如来华传教士所编写的方言版《圣经》、汉语课本、词典、语法书，以及近代周边国家地区如日本、朝鲜、琉球等所使用的汉语教科书，通过对它们的充分收集、整理、分类以及研究，我们相信，南京官话的性质终究会明确、清楚地展现在我们眼前。我们认为，对于近代南京官话的详细研究，不仅仅是对这种特定时期的共同语的研究，也会对汉语共同语的历时发展，以及现代汉语普通话的形成等问题都带来新的思考与触动。

随着语言学这门现代科学的日趋成熟，越来越多高效有用的理论方法大量产生，我们在研究时应当拓宽视野，进行多样性的选择，即使是研究南京官话这种具有浓厚历史色彩和地域色彩的主题时，我们也可以尝试找寻多种合适的现代语言学新的理论方法。我们还将继续通过域外语料来探索对外汉语教学的源流与发展，让现代汉语国际教育的理论与实践研究能够推陈出新。

以上列举的只是我们对未来研究的展望的一部分，作为汉语发展历史上不可忽视的重要环节，南京官话还有许多内容值得我们进一步考察研究，期待在未来能够运用新方法，研究新材料，获得更多新结论。

附录一:泊园文库《官话指南》笔记南北官话词汇对比

北 (原文)	南 (笔记)	卷数 章节数	页数 列数	例句(原文)	例句(笔记)
A					
爱	欢喜	3－5	59－10	这副钮子我很不爱。	这副钮子我很不欢喜。
爱	喜欢	3－19	71－5	那些买卖人的习气,都爱要谎价。	那些买卖人的习气,都喜欢要谎价。
爱	要	3－11	64－10	另外爱添什么小吃儿那是随便再要。	另外要添什么小吃儿那是随便再要。
安置	安放	2－9	20－6	我打算把他安置再那铺子里了事。	我打算把他安放再那店里照应。
安置	安排	3－9	63－4	等我过去再调度安置。	等我过去再调度安排。
按	照	3－12	65－9	都按着这一个行市。	都照着这一个行市。
熬	煮	3－7	60－17	就给我熬一点儿粳米粥。	就替我煮一点儿粳米粥。
B					
巴结	进	1	11－15	才能勾往上巴结哪。	才能够往上进呢。
罢	么	2－11	21－14	现在的庄稼所都长起来了罢。	现在的庄稼所都长起来了么。
罢	删除	2－12	22－18	您去了日子不少了罢。	您去了日子不少了。
白了	白劳为	2－6	17－7	他也不能白了你。	他也不能白劳为你。
白天	天里	1	10－5	夜景比白天还好。	夜景比天里还好。
白问一问	随便问问	2－7	18－1	我白问一问。	我随便问问你。
摆台	摆桌子	3－4	58－11	怎么还磨蹭着不摆台。	怎么还在这块发瞪不摆桌子。
办	弄	3－17	69－12	可怎么办呢。	是怎样弄呢。

北 （原文）	南 （笔记）	卷数 章节数	页数 列数	例句（原文）	例句（笔记）
办	做	2－10	21－3	你可以先垫办的起么。	你可以先垫做的起么。
棒子草	水草	3－16	68－17	红高粱，棒子草，没不喂足了他的。	红高粱，水草，没不喂足了他的。
雹子	冰雹	2－13	24－13	或是遭雹子	或是遭冰雹
别	不	1	12－2	你老别理他。	你老不理他。
别	不要	3－5	59－13	你先别走。	你先不要走。
别	不是	3－18	70－5	你别竟剃头，	你不是单剃头，
别	莫	3－8	62－3	别说是铺盖家伙得带上，	莫说是铺盖家伙要带去，
别的	别人	3－18	70－7	到别的宅里去。	到别人家里去。
别位	别个	3－8	61－17	去年跟着别位老爷去过一荡	去年跟着别个老爷去过一荡，
槟子	槟榔	3－19	71－9	槟子，脆枣儿，葡萄	槟榔，蜜枣，葡萄
不定	还不晓得	3－15	67－15	不定那一天就许着了。	还不晓得那一天才能弄清楚哪。
不像事	不像样	2－4	16－11	去晚了不像事。	去迟了不像样。

C

北 （原文）	南 （笔记）	卷数 章节数	页数 列数	例句（原文）	例句（笔记）
擦	抹	3－3	57－22	你现在先不用擦地板了	你现在先不用抹地板。
擦	洗	3－3	57－21	把擦脸手巾拿来。	把洗脸手巾拿来。
菜名儿	菜名子	3－11	64－12	那些个菜名儿，	那些菜名子，
操心	烦心	3－8	62－7	老爷倒不必操心，	老爷倒不必烦心，
差使	差事	3－6	60－3	是因为他们老爷没差使，	是因为他们老爷没差事，
差使	公事	1	11－16	我的差使不误就是了。	我的公事不误就是了。
常	时常	3－15	67－22	还有你常爱砸东西	还有你时常砸坏东西
撤出	弄下	3－17	69－12	那匾额竟把字撤出来，	那匾额只把字弄下来。

北（原文）	南（笔记）	卷数章节数	页数列数	例句（原文）	例句（笔记）
沉	重	3－7	60－20	现在我的脑袋还是觉着沉，	现在我的头还是觉得多重的，
衬一衬	拉一拉	3－5	59－16	把裤脚儿给往下衬一衬，	把裤脚给我往下拉一拉，
重落	受风	1	8－4	怕是你出到外边儿去又重落了。	怕是你出到外边去又受风。
抽冷子	偷冷	1	12－21	他抽冷子把我望后一推，	他偷冷把我望后一推，
出马	出门	3－7	60－22	不出马这是交情的事情。	不出门这是交情请他来。
槌子	钉锤	3－9	63－1	倒拿槌子打呢。	倒拿钉锤敲呢。
瓷实	稳当	3－17	69－10	或是棉花揎瓷实了。	或是拿软东西揎稳当了。
从先	先前	2－14	25－13	到底比上从先可差多了。	到底比上先前差多了。
凑	拿	2－8	18－20	那么您可以凑得出多少来呢。	那么您可以拿得出多少来呢。
脆枣儿	蜜枣	3－19	71－9	槟子，脆枣儿，葡萄	槟榔，蜜枣，葡萄
搓搓澡	擦脊梁	3－16	69－3	你给我搓搓澡。	你给我擦脊梁。

D

北（原文）	南（笔记）	卷数章节数	页数列数	例句（原文）	例句（笔记）
搭	叫	3－13	65－21	他把小的搭出去说了会子话。	他把小的叫出去说了一会子话。
搭帮	搭伴	2－3	15－17	是和人搭帮走。	是和人搭伴走。
搭拉	吊	3－14	66－15	因为犯潮都搭拉下来了。	因为潮了都吊下来了。
打	从	3－18	70－12	我们老爷新近打外头回来。	我们老爷新近从外头回来。
打	敲	3－9	63－1	倒拿槌子打呢。	倒拿钉锤敲呢。
打点	捡点	3－18	70－9	您都打点出来了么。	您都捡点出来了么。
打点	收拾	3－17	69－8	再打点罢。	再收拾罢。
大	全	2－9	19－14	是大好了。	是全好了。

北 （原文）	南 （笔记）	卷数 章节数	页数 列数	例句（原文）	例句（笔记）
大夫	先生	3－7	61－1	用吉大夫的医药灵极了。	用吉先生的医药灵极了。
大夫	医生	3－7	60－21	快请用吉大夫去。	快请用吉医生去。
带上	带去	2－14	25－5	您把收拾表的家伙带上，	您把收拾表的家伙带去，
耽误儿	耽搁	3－6	59－22	老爷若是在那儿有耽误儿，	老爷若是在那里有耽搁，
倒	过	2－9	19－16	倒过一个钱铺来。	过过一个钱店来。
倒一倒	挑一挑	3－10	63－16	把那晒过的也倒一倒，	把那晒过的也挑一挑，
得	干净	3－9	63－3	等那儿扫得了之后，	等那里扫干净之后，
得	彀	3－3	58－7	得了，撤去去罢。	彀了，撤去去罢。
得	可以	3－10	63－17	老爷想晒到什么时候就得收起来呢。	老爷想晒到什么时候就可以收起来呢。
得	好	3－7	61－12	得了就拿来罢。	好了就拿来罢。
得	是	3－6	60－13	您就掖在毡子底下就得了。	您就放在毡子底下就是了。
得	作成	3－19	71－16	若是得了，	若是作成了，
得	作好	3－19	71－16	问一问我定做的那件衣服得了没有。	问一问我定做的那件衣服作好了没有。
得很了	删除	2－5	16－15	实在劳驾得很了。	实在劳驾。
灯罩儿	灯罩子	3－15	67－9	灯罩儿又炸了。	灯罩子又炸了。
底半截儿	底下半截	3－14	66－16	有好几刀了底半截儿墙。	有好几刀喇底下半截墙。
地	路	2－12	23－7	离我们住的那个地方有几里地有个大镇店，	离我们住的那个地方有几里路有个大镇店，
店	客寓	2－2	14－17	在那个店里住着了。	在那个客寓里住着了。
店	客栈	2－2	14－17	我在城外头店里住着了。	我在城外头客栈里住着了。

续　表

北（原文）	南（笔记）	卷数章节数	页数列数	例句（原文）	例句（笔记）
店	栈	2－2	14－18	在西河沿大成店里住着了。	在西河沿大成栈里住着了。
店里	敝寓	2－2	15－12	可以到店里去咱们谈一谈。	可以到敝寓去我们谈谈。
店里	尊寓	2－2	15－11	我过两天还要到店里望看您去哪。	我过两天还要到尊寓看您去哪。
吊	千	3－6	60－8	是六吊钱，	是六千钱，
定妥	定规	3－20	72－16	若是定妥了，小的可以多咱上工呢。	若是定规了，小的可以多咱上工呢。
丢	掉	2－6	17－8	你们说是别人丢的银票，	你们说是别人掉的银票子，
丢	失	2－6	17－6	我们把那个丢银票的那个人找来，	我们把那个失票子的那个人找来，
东嘎拉儿里	东边里头	3－9	62－13	东嘎拉儿里有厨房，	东边里头有厨房，
抖搂	抖	3－10	63－11	我已经把衣裳都抖搂好了。	我已经把衣裳都抖好了。
短	少	3－3	58－2	这儿还短把匙子。	这里还少把匙子。
对劲	相好	2－11	22－4	我来是因为我兄弟素日和您对劲。	我来是因为我兄弟素日和您相好。
对景	应景	3－6	60－4	都是应时对景的。	都是应时应景的。
墩布	抹布	3－14	66－22	然后拿墩布蘸上水，	然后拿抹布蘸上水，
多儿钱	多少钱	3－19	71－3	那口蘑多儿钱一斤。	那口蘑多少钱一斤。
多咱	那时	2－13	24－12	等包果子的多咱去了，告诉他就是了。	等包果子的那时去了，告诉他就是了。
多咱	那天	2－10	21－8	我多咱来听老爷的信哪。	我那天来听老爷的信哪。
多宗晚儿	甚么时候	3－17	69－6	老爷打算多宗晚儿起身呢。	老爷打算甚么时候动身呢。
E					
恶心	作恶心	3－7	60－21	又有点儿恶心。	又有点作恶心。

续　表

北 （原文）	南 （笔记）	卷数 章节数	页数 列数	例句（原文）	例句（笔记）
愕着	耽误	3－13	66－8	你就别愕着了。	你就不要耽搁了。
F					
犯潮	潮了	3－14	66－15	因为犯潮都搭拉下来了。	因为潮了都吊下来了。
饭庄子	酒席馆	3－11	64－8	饭庄子是成桌的。	酒席馆是成桌的。
房	房子	2－1	13－7	那么您别处还有房么。	那么您别处还有房子么。
房产	房屋	2－11	22－8	我们的房产是两处住房。	我们的房屋是两处住房。
费心	破费	1	11－11	实在劳驾费心了。	实在劳驾破费了。
分辨	分别	1	8－22	就因为分辨不出来不敢说。	就因为分别不出来不敢说。
吩咐	告诉	3－7	60－17	再去吩咐厨子，	再去告诉厨子，
服侍	服伺	3－7	61－11	你服侍我吃就是了。	你服伺我吃就是了。
富宅	富府	2－14	24－19	是棉花胡同富宅么。	是棉花胡同富府么。
富宅	富家	2－14	24－20	是棉花胡同富宅。	是棉花胡同富家。
G					
该	要	2－4	16－10	我该走了。	我要走了。
盖儿	盖子	3－17	69－13	那么把盖儿盖上。	那么把盖子盖上。
赶	等	2－6	17－11	赶他们到了银号，	等他们到了银号，
赶到	等到	2－6	17－10	赶到晚上，	等到晚上
敢情	当真	2－14	25－14	敢情先头里，每月做这么些个手工哪。	当真先头里，每月做这么些个手工哪。
敢情	想	3－8	62－2	敢情还有这么件不方便的事情哪。	想还有这一件不方便的事情哪。
敢自	却	3－1	57－3	那敢自很好了。	那却很好了。
干	弄	3－16	68－19	那是管洗澡房的他干的。	那是管洗澡房的他弄的。
干	作	3－20	72－1	你自己不干了要回来，	你自己不作了要回来，

北 （原文）	南 （笔记）	卷数 章节数	页数 列数	例句（原文）	例句（笔记）
干	做	2-10	20-14	干甚么回家去了。	做甚么回家去了。
干甚么的	作甚么事	3-11	64-20	那是干甚么的。	那是作甚么事的。
干事	作事	3-4	58-21	你干事老是这么忙忙叨叨的。	你作事总是这样忙叨叨的。
刚	才	2-14	25-19	是徒弟刚一上铺子就写么。	是徒弟才一上店就写么。
高	高明	3-7	60-22	而且他的医道是最高，	而且他的医道是最高明，
高乐	高兴	2-11	21-18	您倒真是会高乐的。	您倒真是会高兴的。
告谎假	扯谎	3-13	66-2	不是告谎假呀。	不是扯谎呀。
搁下	歇	2-14	24-22	怎么那位姓朱的搁下了么。	怎么那位姓朱的歇了么。
槅扇	槅子	1	9-11	我刚才隔着槅扇和他说话。	我刚才隔着槅子和他说话。
各人	自己	3-15	68-4	那是我各人买的。	那是我自己买的。
给	替	3-16	69-4	那么你给我擦干净了罢	那么你替我擦干净了罢。
给	删除	3-18	70-12	务必把职名给留下，	务必把名片留下，
给泄漏了	使别人晓得	1	9-12	我求你千万别把这个事给泄漏了。	我求你千万不要把这个事使别人晓得。
跟	同	3-6	60-8	跟他说妥了的。	跟他说妥了的。
工夫	天	2-14	25-10	我是不能整工夫在铺子里做活。	我是不能整天在铺子里做活。
工夫儿	工夫	3-13	65-22	无论出去多大工夫儿，	无论出去多大工夫，
工夫儿	时候	2-6	17-12	这个工夫儿汛官听见说了，	这个时候汛官听见闹了，
拐弯儿	转弯	1	10-22	学房就在这拐弯儿。	学房就在这转弯。
官帽儿	大帽子	3-6	60-11	你不是又两顶官帽儿么，	你不是又两顶大帽子么，

北（原文）	南（笔记）	卷数章节数	页数列数	例句（原文）	例句（笔记）
馆子	店	2－14	25－21	若是他还愿意在本馆子里耍手艺，	若是他还愿意在本店里做手艺，
罐儿	罐子	3－2	57－7	老爷这锡镴罐儿里的茶叶都没了。	老爷这锡罐子里的茶叶都完了。
光润	漂亮	1	9－1	颜色也不光润。	颜色也不漂亮。
逛	顽	3－5	59－5	我已经约会了吴老爷一块儿逛去。	我已经约会了吴老爷一块顽去。
逛一逛	顽一顽	3－8	61－15	逛一逛那一带那有好景致的地方，	顽一顽那一带那有好景致的地方，
归着	收拾	3－13	66－8	快归着东西罢。	快收拾东西罢。
棍儿	棍子	3－10	63－13	小的找根棍儿穿上，	小的找根棍子穿上，

H

孩子	娃娃	1	11－20	那就快回家抱孩子去了。	那就快回家抱娃娃去罢。
还去了	去过	2－4	16－8	封了印之后还去了两荡办了几件零碎的事情。	封了印之后去过两荡办了几件零碎的事情。
害羞	怕丑	1	12－19	外面儿虽是害羞难道他心里就不动情吗。	外面虽是怕丑难道他心里就不动情吗。
汗褥儿	汗衫	3－5	59－9	老爷看一看坎肩儿汗褥儿，	老爷看一看背心子汗衫，
好	有些	1	9－17	瞧着好面善。	有些面善。
好办	容易	3－1	56－16	那好办，	那容易
好歹	怎样	3－13	66－3	万一小的的母亲有个好歹，	万一小的的母亲有个怎样，
好些个	好些	3－16	68－18	汪着好些个水。	汪着好些水。
耗子	老鼠	1	12－16	满地的耗子他也不拿。	满地的老鼠他也不拿。
喝茶	吃茶	2－4	16－5	老弟请坐喝茶。	老弟请坐吃茶。
喝茶	用茶	2－14	25－18	您喝罢。	您用罢。

北 （原文）	南 （笔记）	卷数 章节数	页数 列数	例句（原文）	例句（笔记）
喝酒	吃酒	1	9－18	咱们俩前年在张二家一个桌子上喝酒。	我们两人前年在张二家一个桌子上吃酒。
喝粥	吃粥	3－7	61－12	老爷喝粥不喝呢。	老爷吃粥不吃呢。
和	同	3－20	71－18	你来我有话和你说。	你来我有话同你说。
黑下	黑夜	2－13	24－5	黑下白日在园子里看着才行哪。	黑夜白日在园里看着才好哪。
很	顶	3－8	61－21	为太太可是很要紧。	为太太却是顶要紧。
很	极	3－8	62－1	一块很宽很长的布，	一块极宽极长的布，
红封儿	红封子	3－18	70－17	你手里拿着的那红封儿是什么。	你手里拿着的那红封子是什么。
后儿	后天	2－10	21－8	你后儿来听信罢。	你后天来听信罢。
后来	往后	3－13	65－22	小的后来再不敢这么大意了。	小的往后再不敢这样大意了。
胡吹混嗙	胡吹混讲	1	8－7	一味的爱说大话胡吹混嗙。	一味的爱说大话胡吹混讲。
胡拉（土）	扫	3－14	66－21	把墙上的土都胡拉下来。	把墙上的土都扫下来。
花园子	花园	3－18	70－2	我是在花园子弄土来着。	我是在花园弄土来的。
会子	一会子	3－13	65－21	他把小的搭出去说了会子话。	他把小的叫出去说了一会子话。
活	东西	3－16	68－11	那么那上头的铁活怎么会上了锈呢。	那么那上头的铁东西怎样会上了锈呢。
伙伴儿	伙计	3－9	63－4	找个伙伴儿帮着也使得。	找个伙计帮忙也可以。
J					
鸡子	鸡蛋	3－3	58－1	鸡子儿不要像昨儿个那么老。	鸡蛋不要像昨天弄的那么老。
忌烟	戒烟	2－14	25－2	今年他忽然一忌烟，	今年他忽然一戒烟，
家具	家伙	2－9	19－20	连家具都在其内么。	连家伙都在其内么。
价儿	价钱	3－19	71－6	总要还个价儿。	总要还个价钱。

北（原文）	南（笔记）	卷数章节数	页数列数	例句（原文）	例句（笔记）
价值	价钱	2－2	15－3	价值比别的栈里全便宜。	价钱比别的栈里要便宜些。
捡	拈	2－6	17－5	是因为有一个无赖子捡了一张银票到银号里取银子去了。	是因为有一个无依的人拈了一张银票子到银号里兑银子去了。
见天	每天	2－14	25－10	您见天也在铺子里做活么。	您每天也在铺子里做活么。
贱	便宜	3－19	71－4	贱的东西总次罢。	便宜的东西总次些罢。
贱姓	敝姓	2－1	13－4	贱姓王。	敝姓王。
糇子	糨糊	3－14	66－19	就是还得买打糇子的面。	就是还要买打糨糊的面。
交手	脚手的木料	3－14	66－18	那搭交手还得咱们给他预备杪槁么。	那搭脚手的材料还要我们给他预备杉槁么。
嚼子	嚼口	3－16	68－9	是嚼子那儿坏了。	是嚼口那里坏了。
脚下	此刻	2－14	25－11	脚下您那铺子里每月做多少钱的手工啊。	此刻您那店里每月做多少钱的手工啊。
脚下	目下	2－1	14－1	脚下房子往外租着很容易。	目下房子招租却很容易。
脚下	刻下	2－14	25－8	脚下是四个伙计。	刻下四个伙计。
叫	被	1	8－20	叫人看破了。	被人看破了。
叫	要	3－16	68－16	我可就不叫你包喂了。	我却就不要你包喂了。
叫门	敲门	3－3	57－19	谁叫门了。	是那个敲门。
解	从	3－9	62－16	解月头儿起好算。	从月头上起好算。
今儿	今日	2－10	20－17	我今儿来见您。	我今日来见您。
今儿	今天	2－11	21－20	老弟今儿到舍下来，	老弟今天到舍下来，
今儿个	今天	2－3	15－16	今儿个是特意来见兄台辞行。	今天是特意来见兄台辞行。
尽溜头儿	顶后头	3－1	57－2	我想这院子尽溜头儿那白墙儿后头，	我想这院子顶后头那白墙后头，

续　表

北（原文）	南（笔记）	卷数章节数	页数列数	例句（原文）	例句（笔记）
近起来	近来	3-16	68-10	还有近起来所有鞍子，	还有近来所有鞍子，
竟	单	3-18	70-5	你别竟剃头，	你不是单剃头，
竟	专	2-2	15-8	您行医是竟瞧门脉呀，	您行医是专看门诊呀，
竟	只	3-17	69-12	那匾额竟把字撤出来，	那匾额只把字弄下来，
净	干净	3-14	66-21	把榻扇都掸净了。	把榻扇都要掸干净了。
就	只	2-6	17-8	我就知道拿银票来，	我只晓得拿票子来，
就结了	罢了	3-18	70-15	留着自己用就结了。	留着自己用罢了。
觉着	觉得	1	8-5	觉着头疼。	觉得头疼。

K

北（原文）	南（笔记）	卷数章节数	页数列数	例句（原文）	例句（笔记）
咖	带去	3-17	69-7	不咖那我打算托朋友，	不带去那我打算托朋友，
开	删除	3-5	59-18	都舒展开了么。	都舒展了么。
开市	开门	2-9	20-7	等开市我过去给您道喜去。	等开门我过去给您道喜去。
坎肩儿	背心子	3-5	59-9	老爷看一看坎肩儿汗褟儿，	老爷看一看背心子汗衫，
看一看	看看	2-8	19-9	我再同他到地里看一看去就得了。	我再同他到地里看看去就是了。
炕	床	1	10-9	我躺在炕上看窗户，	我躺在床上看窗户，
磕打	磕	3-10	63-17	把那箱子磕打磕打罢。	把那箱子磕磕罢。
可	大约	3-3	58-5	他们可不敢那么胡搅乱对的。	他们大约不敢那样胡乱来罢。
可	倒	2-11	22-6	可有一层，	倒有一层，
可	还	2-10	21-1	可有一层我听见说，	还有一层我听见说，
可	却	2-1	14-5	您不知道那房子可是顶好。	您不知道那房子却是顶好。

北 （原文）	南 （笔记）	卷数 章节数	页数 列数	例句（原文）	例句（笔记）
可不是么	却是	2－14	24－22	怎么那位姓朱的搁下了么。可不是么。	怎么那位姓朱的歇了么。却是。
可不是么	是的	2－4	16－9	可不是么，	是的，
可不是么	怎不是么	2－13	24－2	他是外行么。可不是么。	他是外行么。怎不是么。
可以	能	2－14	25－9	都可以上案子做活了么。	都能上案子做活了么。
可怎么办	是怎样弄	3－17	69－12	可怎么办呢。	是怎样弄呢。
扣儿	扣子	3－17	69－15	那绳子扣儿，	那绳子扣子，
苦力	打杂	3－15	67－15	那是苦力的事情。	那是打杂的事情。
苦力	挑夫	3－9	62－19	叫苦力挑了去倒妥当。	叫挑夫挑了去倒妥当。
L					
拉	说说	2－13	23－22	我可以给你们拉这个线。	我可以替你们说说这个线。
蜡灯	蜡烛台	2－7	18－3	小印色盒子小蜡灯这些个小物样。	小印色盒子小蜡烛台这些小物件。
来了	来的	2－2	14－16	是买货来了。	是买货来的。
来了	删除	2－5	16－14	给您道喜来了。	来替您道喜。
来着	的呢	2－12	22－19	您是和谁打官司来着。	您是和那个打官司的呢。
来着	事的	3－4	58－11	怎么还磨蹭着不摆台，是干甚么来着。	怎么还在这块发瞪不摆桌子，是干甚么事的。
来着	去的	2－6	17－4	是和银号打架来着。	是和银号打架去的。
烂烂儿的	稀稀的	3－7	60－18	粳米粥要烂烂儿的，	粳米粥要稀稀的，
老	总	3－4	58－21	你干事老是这么忙忙叨叨的。	你作事总是这样忙忙叨叨的。
老弟	老哥	2－13	23－16	老弟我来是问你一件事情。	老哥我来是问你一件事情。
老弟	老兄	2－11	21－11	老弟是甚么时候来的。	老兄是甚么时候来的。

北（原文）	南（笔记）	卷数章节数	页数列数	例句（原文）	例句（笔记）
老没	久未	1	9－17	老没见了。	久未见了。
老没完	久不了	1	12－15	何苦老没完呢。	何苦久不了呢。
老兄	老哥	2－12	22－14	老兄怎么这程子我总没见您哪。	老哥怎么这程子我总没见您哪。
勒死了	拴稳当了	3－17	69－15	那绳子扣儿务必要勒死了。	那绳子扣子务必要拴稳当了。
了	罢	2－6	17－15	才能放他们了。	才能放他们罢。
了	的	2－2	14－16	是买货来了。	是买货来的。
了	哩	2－5	16－15	还不能预定了。	还不能预定哩。
了	哪	2－5	16－16	才能交卸了。	才能交卸哪。
了	呢	2－7	18－4	现在做着了。	现在做着呢。
了	删除	2－2	14－18	大的很了。	大的很。
了不是	没有	3－14	66－16	是老爷你收着银花纸了不是。	是老爷你收着银花纸没有。
了么	没有	3－16	68－22	烧得了洗澡水了么。	烧好了洗澡水没有。
累	烦	2－2	15－10	那么累。	那样烦。
累肯	拜托	2－14	26－5	累肯您纳。	拜托您老板。
梨	梨子	3－19	71－8	那么就买梨，桃	那么就买梨子，桃子
理	道理	1	8－20	那是一定的理。	那是一定的道理。
里间屋	里边房	3－2	57－7	里间屋里的那柜子	里遍房里的那柜子
俐俏了	清清楚楚的	3－15	67－20	你总要把屋子拾掇俐俏了。	你总要把房里拾掇清清楚楚的。
凉水	冷水	3－16	69－3	再对一点儿凉水。	再对一点冷水。
梁	柱子	3－10	64－1	挂在那堆房里梁上去。	挂在那堆房里柱子上去。
俩	俩个	2－14	25－9	俩徒弟。	俩哥徒弟。
俩	两人	1	9－18	咱们俩前年在张二家一个桌子上喝酒	我们两人前年在张二家一个桌子上吃酒
撖	找	3－14	67－5	撖他两块钱的车钱。	找他两块钱的车钱。

北（原文）	南（笔记）	卷数章节数	页数列数	例句（原文）	例句（笔记）
零儿	零头	3－12	65－15	这是那四百四十钱的零儿。	这是那四百四十个钱的零头。
领教	请教	2－2	14－15	领教您纳。	请教您老人家。
溜滑	滑溜溜	3－16	69－2	别弄的那么溜滑的。	不要弄的那么滑溜溜的。
蹓跶蹓跶	游玩游玩	2－11	21－19	莫若出去蹓跶蹓跶倒好。	莫若出去游玩游玩倒好。
蹓跶着	慢慢的	2－11	21－18	我这才蹓跶着回来了。	我这才慢慢的回来了。
路西里	西边	2－9	19－17	在咱们这城外头八宝街路西里。	在咱们这城外头八宝街西边。
落	便宜	3－12	65－8	若是这天市上的银子多，行市就落。	若是这天市上的银子多，行市就便宜。

M

北（原文）	南（笔记）	卷数章节数	页数列数	例句（原文）	例句（笔记）
马镫	搭镫	3－16	68－10	还有近起来所有鞍子，马镫，	还有近起来所有鞍子，搭镫，
马莲	麻布	3－17	69－14	拿马莲包包上。	拿麻布包包上。
骂掌	铁马脚	3－16	68－14	是马掌掉了。	是铁马脚掉了。
忙忙叨叨	忙叨叨	3－4	58－22	你干事老是这么忙忙叨叨的。	你作事总是这样忙叨叨的。
毛稍儿	毛稍子	3－10	63－13	毛稍儿就焦了。	毛稍子就焦了。
茅房	茅厕	3－9	62－14	茅房是我搬了去之后，	茅厕是我搬了去之后，
贸易	买卖	3－12	65－11	可是那贸易，	那买卖，
么	哩	2－1	13－5	有甚么事情么。	有甚么事情哩。
没裁了个大觔斗	跌了一交	1	12－21	几乎没裁了个大觔斗。	几乎跌了一交。
没得	没有	3－13	65－21	没得禀知老爷	没有禀知老爷
没了	完了	3－2	57－7	罐子里的茶叶都没了。	罐子里的茶叶都没完了。
没能	未能	1	8－21	没能出门。	未能出门。

北（原文）	南（笔记）	卷数章节数	页数列数	例句（原文）	例句（笔记）
没有了	有没有	2－7	17－22	有比这对小一点儿的没有了。	有比这对小一点儿的有没有。
没在	不在	2－11	21－11	听说是您没在家。	听说是您不在家。
煤球儿	煤球子	3－4	58－11	刚才送煤的送煤球儿来了。	刚才送煤的送煤球子来了。
门脉	门诊	2－2	15－8	您行医是竟瞧门脉呀，	您行医是专看门诊呀，
迷迷糊糊	糊里糊涂	3－2	57－10	可是你昨儿个迷迷糊糊的搁了有多少茶叶。	可是你昨天糊里糊涂的搁了有多少茶叶。
明儿	明天	1	12－3	明儿给我们，	明天给我们，
明儿个	明天	1	12－16	明儿个不用喂他就好了。	明天不用喂他就好了。
摩抄	抹抹	3－10	64－4	把领子合上，摩抄平了。	把领子合上，抹抹平了。
磨	拿	3－12	65－17	若是他本铺子没零的，磨别处的也使得。	若是他本铺子没零的，拿别处的也可以。
磨蹭着	在这块发瞪	3－4	58－11	怎么还磨蹭着不摆台。	怎么还在这块发瞪不摆桌子。
磨稜子	耽搁工夫	3－18	70－8	别磨稜子。	不要耽误工夫。
N					
拿	带	3－8	62－1	再拿上四根竹杆子。	再带上四根竹杆子。
拿开	撤去	1	10－7	如今拿开了。	如今撤去了。
哪	啊	2－8	18－18	现在是他自己种着哪。	现在是他自己种着啊。
哪	呢	3－1	56－18	那么叫他解多咱来伺候您哪。	那么叫他多咱来伺候您呢。
那儿	那里	3－18	70－11	赶你到那儿就说。	等你到那里就说。
那儿	那里	1	9－5	我想到那儿逛逛。	我想到那里逛逛。
那儿	那里	3－18	70－18	这是那儿的老爷给小的一个赏封儿。	这是那里的老爷给小的一个赏封子。

北（原文）	南（笔记）	卷数章节数	页数列数	例句(原文)	例句(笔记)
那么	那样	1	11－15	虽是那么说。	虽是那样说。
那么些个	那些	2－1	13－8	我住不了那么些个。	我住不了那些。
那么着	那么	2－1	14－3	那么着很好了。	那么很好。
那些个	那些	3－9	62－18	还有其余的那些个粗重的东西。	还有其余的那些粗重的东西。
那样儿	那个	3－8	61－22	所以这荡也得带着那样儿东西。	所以这荡也得带着那个东西。
脑袋	头	3－7	60－20	现在我的脑袋还是觉着沉,	现在我的头还是觉得多重的,
能	得	3－5	59－12	拿熨斗熨一熨那才能周正了。	拿熨斗熨一熨那才得周正哪。
腻	油腻	3－11	64－13	你总要挑那不腻的。	你总要挑那不油腻的。
年纪	年岁	2－10	20－15	彀八成年纪呀。	彀八成年岁呀。
娘儿们	女人家	3－8	61－22	我们这儿的娘儿们走路的时候,	我们这里的女人家行路的时候,
您	你	1	7－11	劳您驾。	劳你驾。
您	您老人家	2－2	14－15	您贵姓。	您老人家贵姓。
您纳	您老板	2－14	25－18	我请问您纳。	我请问您老板。
您纳	老哥	2－8	18－13	这一向倒好啊。好啊,您纳您倒好。	这一向倒好啊。好啊,老哥也好。
您纳	您老人家	2－7	18－9	失陪了您纳。	少陪您老人家。
您纳	老兄	2－10	20－13	你好啊。好啊,您纳。	你好啊。好啊,老兄。
您纳	阁下	1	7－3	您纳贵姓。	阁下贵姓。
您纳	您	2－1	14－8	我告诉明白您纳。	我告诉明白您。
拧干	扭干	3－14	66－22	拿墩布蘸上水,拧干了。	拿墩布蘸上水,扭干了。
挪	搬	3－9	62－15	我打算今天就赶紧的挪过去。	我打算今天就赶紧的搬过去。
P					
排大	行大	3－1	56－14	今年十八岁了,我排大。	今年十八岁了,我行大。

北（原文）	南（笔记）	卷数章节数	页数列数	例句（原文）	例句（笔记）
培	盖	3－15	67－21	小炉里烧上炭，拿灰培上。	火炉里烧上炭，拿灰盖上。
棚	棚子	3－14	66－14	有一间棚都破了。	有一间棚子都破了。
破的	打破的	3－13	66－11	再把昨儿个破的那个灯罩子找出来，	再把昨天打破的那个灯罩子找出来，
破了零的	换零碎的	3－12	65－16	下剩的破了零的来。	下剩的换零碎的来。
扑空	会不见他	3－7	61－3	就怕你这个时候去扑空。	就怕你这个时候去会不见他。
铺面房	店房	2－11	22－9	两处铺面房，	两处店房，
铺子	店	2－2	14－22	您在张家口是有铺么。	您在张家口是有店么。
铺	店	2－9	19－16	倒过一个钱谱来。	过过一个钱店来。
铺盖	被单	3－3	57－22	等着叠好了铺盖再擦罢。	等着叠好了被单再擦罢。

Q

北（原文）	南（笔记）	卷数章节数	页数列数	例句（原文）	例句（笔记）
沏茶	泡茶	3－2	57－6	给先生沏茶。	替先生泡茶。
起	从	3－18	70－15	说是老爷起外头大远的带了点儿东西来，	说是老爷从外头大远的带了点儿东西来，
起	从	2－1	14－7	起我手里租房。	从您手里租房。
起	从	2－4	16－6	我是起昨天出来的。	我是从昨天出来的。
起	走	1	12－3	起这儿过。	走这里过。
起身	动身	3－17	69－6	多宗晚儿起身。	什么时候动身。
钱	文	3－3	58－6	总在九百钱一瓶。	总在九百文一瓶。
前些年	前几年	2－13	23－18	前些年我都是自己收果子卖。	前几年我都是自己收果子卖。
抢去了	打抢去	2－6	17－3	到东街上一个银号里抢去了。	到东街上一个银号里打抢去。
瞧	看	2－2	15－8	您行医是竟瞧门脉呀，	您行医是专看门诊呀，

北（原文）	南（笔记）	卷数章节数	页数列数	例句（原文）	例句（笔记）
俏货	贵货	2-9	19-15	是又买着甚么俏货了么。	是又买着甚么贵货了么。
轻省	轻松	1	8-9	咳嗽才轻省一点儿。	咳嗽才轻松一点子。
顷	亩	2-8	18-16	他有几顷地。	他有几亩地。
取银子	兑银子	2-6	17-5	捡了一张银票到银号里取银子去了。	拈了一张银票子到银号里兑银子去。
R					
嚷	疾呼	1	9-9	大声嚷。	大声疾呼。
让	请	2-4	16-4	让到书房里坐。	请到书房里坐。
扔	放	3-15	67-14	就扔在那堆房子里了。	就放在那堆房子里了。
扔	摔	3-15	67-22	该倒的该扔的就都倒了扔了。	该倒的该摔的就都倒了摔了。
汝窑	官窑	3-7	60-20	插在那个汝窑花瓶里好不好。	插在那个官窑花瓶里好不好。
褥套	被套	3-17	69-18	装在褥套里。	装在被套里。
S					
撒谎	扯谎	1	8-20	若是有撒谎骗人的事，	若是有扯谎骗人的事，
撒俐	干净点	3-18	70-7	总得要撒俐才是样子哪。	总得要干净点才相样子哪。
散	歇	2-14	25-1	是因为病散的。	是因为病歇的。
嗓子	喉咙	1	9-9	凡人说话嗓子要紧。	凡人说话喉咙要紧。
煞	捆	3-17	69-19	把那个马莲包的箱子煞在后车尾儿上，	把那个麻布包的箱子捆在后车尾上，
晌饭	中饭	2-11	21-16	他们就都回去吃晌饭去了。	他们就都回去吃中饭去了。
晌觉	中觉	2-11	21-19	睡晌觉起来，	睡中觉起来，
上	到	2-14	26-1	上别处当伙计去。	到别处当伙计去。

续　表

北（原文）	南（笔记）	卷数章节数	页数列数	例句（原文）	例句（笔记）
上	好	3－9	62－17	拿绳子捆上，	拿绳子捆好，
上	将	3－9	62－20	拿纸包上。	拿纸包将了，
上	起来	3－17	69－16	卷上不好么。	卷起来不好么。
上	长	3－16	68－15	怎么老不上膘呢。	怎样总不长膘呢。
甚么	那箇	2－12	23－6	都是卖在甚么地方啊。	都是卖在那个地方啊。
甚么的	东西	3－1	57－1	还有他的铺盖甚么的。	还有他的铺盖东西。
甚么	甚事	3－18	70－2	你干甚么来着。	你作甚么事来的。
生气	沤气	1	12－8	实在叫人生气。	实在叫人沤气。
声儿	声音	1	9－9	显着声儿小。	显得声音小。
师傅	先生	1	10－22	师傅是那一位。	先生是那一位。
十子儿	十笥子	3－19	71－3	十子儿挂面。	十笥子挂面。
拾掇	收拾	3－16	68－11	怎么你也不拾掇啊。	怎样你也不收拾啊。
使不得	用不得	3－15	67－21	瞧有甚么使不得的东西，	瞧有甚么用不得的东西，
使得	可以	3－20	72－7	每月扣一块两块都使得。	每月扣一块两块都可以。
使得	作得	3－17	69－19	使得罢。	作得罢。
使唤	用	3－12	65－16	可是这个五拾吊一张的不好使唤。	却是这个五拾吊一张的不好用。
是样子	相样子	3－18	70－7	总得要撒俐才是样子哪。	总得要干净点才相样子哪。
失陪	少陪	2－7	18－9	失陪了您纳。	少陪您老人家。
舒担	舒服	2－9	19－14	有点儿不舒担。	有点不舒服。
刷	抹	3－16	69－2	把澡房的地板都刷干净了。	把洗澡房的地板都抹干净了。
刷牙子	牙刷	3－3	57－21	和刷牙子在一块儿了。	和牙刷在一块了。
耍	做	2－14	25－21	若是他还愿意在本馆子里耍手艺，	若是他还愿意在本店里做手艺，

北 (原文)	南 (笔记)	卷数 章节数	页数 列数	例句(原文)	例句(笔记)
涮干净	倒了 洗干净	3－2	57－17	你拿出去涮干净了 再拿来。	你拿出去倒了洗干净了 再拿来。
谁	那个	2－9	19－17	原先是谁的铺子	从前是那个的店。
谁	那个	2－12	22－19	您是和谁打官司 来着。	您是和那个打官司的呢。
谁家	那家	1	12－3	也不知是谁家的。	也不知是那家的。
说罢	打比	3－15	67－12	就拿去年冬天说罢。	就拿去年冬天打比。
死了	起来	3－17	69－13	可以就先钉死了罢。	可以就先钉起来罢。
四周围	周围	3－10	63－22	四周围都掩严了。	周围都盖严了。
鏇子	錬子	2－14	25－16	这个钟是鏇子折了。	这个钟是錬子断了。

T

北 (原文)	南 (笔记)	卷数 章节数	页数 列数	例句(原文)	例句(笔记)
塔梯	梯子	1	10－7	有一层的塔梯如今 拿开了,	有一层的梯子如今撤 去了,
搁板儿	一层隔板	3－7	61－8	是在那柜子里头搁 板儿上了,	是在那柜子里头一层隔 板上,
台阶儿	台坡	1	12－21	我在台阶儿上站着。	我在台坡上站着。
谈一谈	谈谈	2－2	15－12	咱们谈一谈。	我们谈谈。
桃	桃子	3－19	71－8	那么就买梨,桃	那么就买梨子,桃子
疼	喜欢	1	12－6	叫人疼呢。	叫人喜欢呢。
疼	爱	1	12－9	这么疼我。	这样爱我。
腾	出	3－17	69－8	把这箱子腾空了。	把这箱子出空了。
天胆	大胆	3－13	66－2	小的天胆,	小的大胆,
天太晚	时候太迟	3－6	60－8	若是天太晚了,	若是时候太迟了,
通达	晓得	2－9	20－5	您也通达么。	您也晓得么。
通行	晓得	2－9	20－6	那钱行的卖买我不 通行。	那钱行的卖买我不大 晓得。
头	匹	3－8	62－5	一头骡子,	一匹骡子,
头年	去年	2－4	16－8	起头年,	从去年,

续　表

北 （原文）	南 （笔记）	卷数 章节数	页数 列数	例句（原文）	例句（笔记）
W					
完	过	3-19	70-21	洗完了脸了么。	洗过了脸没有。
完	了结	1	11-14	就完了。	就了结了。
完	清楚	3-18	70-9	小的都拾掇完了。	小的都拾掇清楚了。
晚	迟	2-4	16-11	去晚了不像事。	去迟了不像样。
往回里	回去	2-2	15-1	您向来往回里带货，	您向来回去带货，
往外租着	招租	2-1	14-1	脚下房子往外租着很容易。	目下房子招租却很容易。
忘	忘记	3-10	64-2	怎么又忘了。	怎么又忘记了。
忘了	忘却	1	9-18	您怎么忘了么。	您怎么忘却了。
忘死	忘记	3-4	58-19	小的是真的忘死了。	小的是真的忘记了。
望看	看	2-2	15-11	我过两天还要到店里望看您去哪。	我过两天还要到尊寓看您去哪。
为得	因为	3-9	62-15	为得是到那儿给房钱的时候，	因为是到那给房钱的时候，
问他来着	问过他	2-7	17-18	我刚才问他来着，	我刚才问过他，
握	扣	1	12-18	一个姑娘握着眼睛不肯瞧，	一个姑娘扣着眼睛不肯瞧，
屋	房	3-14	66-14	把上屋里拾掇出来。	把上房里拾掇出来。
屋	家	3-13	66-11	把这屋里的事都交代明白。	把这家里的事都交代明白。
屋子	房子	3-9	62-11	那个屋子可很干净。	那个房子可很干净。
无赖子	无依的人	2-6	17-5	是因为有一个无赖子捡了一张银票到银号里取银子去了。	是因为有一个无依的人拈了一张银票子到银号里兑银子去了。
物样	物件	2-7	18-3	小印色盒子小蜡灯这些个小物样。	小印色盒子小蜡烛台这些小物件。
X					
西国	西洋	3-5	59-7	要西国的衣裳。	要西洋的衣裳。
西院里	西边	2-1	13-6	这西院里那处房要出租	这西边那处房子要出租

续　表

北（原文）	南（笔记）	卷数章节数	页数列数	例句（原文）	例句（笔记）
匣子	盒子	3－18	70－10	你瞧这是四匣子东西，	你瞧这是四盒子东西，
下	搁	3－10	63－22	下上潮脑，	搁上潮脑，
先挨一挨儿	且等等	3－20	72－13	那件事先挨一挨儿再说罢。	那件事且等等再说罢。
先头里	从前	2－7	18－7	我们先头里没来这公馆里卖过东西。	我们从前没来这公馆里卖过东西。
涎皮赖脸	厚着脸皮	1	12－1	他还涎皮赖脸的尽自来。	他还厚着脸皮的尽的来。
闲屋子	空房子	3－1	57－2	向阳的那一间闲屋子，	向阳的那一间空房子，
显著	显得	1	9－9	显着声儿小。	显得声音小。
现时	此刻	2－13	23－20	他现时在西城开了一个干果子铺。	他此刻在西城开了一个干果子店。
乡谈	土语	1	9－15	各处的乡谈就是官话通行。	各处的土语就是官话通行。
项	个	2－9	20－1	您可以作项怎么个利息。	您可以作个怎样的利息。
像事	成事	3－15	68－2	这还像事么。	这还成事么。
像事	像样	2－4	16－11	去晚了不像事。	去迟了不像样。
小炉	火炉	3－15	67－21	小炉里烧上炭，拿灰培上。	火炉里烧上炭，拿灰盖上。
卸	拆	3－9	62－21	那床若是不好搭可以卸下来。	那床若是不好搭可以拆下来。
谢和	谢	2－6	17－7	总得谢和你几两银子。	总要谢你几两银子。
心	心意	1	8－21	正合我的心了。	正合我的心意。
新手儿	新来的人	3－20	72－15	交代给新手儿。	交代给新来的人。
行	好	2－13	24－5	黑下白日在园子里看着才行哪。	黑夜白日在园里看着才好哪。
行	可	2－13	24－1	那也没甚么不行的。	那也没甚么不可的。

北 （原文）	南 （笔记）	卷数 章节数	页数 列数	例句（原文）	例句（笔记）
行	可以	3－17	69－12	都拿纸裹上就行了。	都拿纸裹上就可以了。
行	能	2－14	25－10	还不行哪。	还不能哪。
杏儿	杏子	3－19	71－8	杏儿和李子还有没有了。	杏子和李子现在还有没有了。
性儿	性子	1	11－13	这么由着他的性儿闹。	这样由着他的性子闹。
兴败	兴衰	1	11－2	才知道历代的兴败，	才知道历代的兴衰，
兄台	老哥	2－4	16－5	兄台请上。	老哥请上。
许着	弄清楚	3－15	67－15	不定那一天就许着了。	还不晓得那一天才能弄清楚哪。
学房	学堂	1	10－22	听说你上学房，	听说你在学堂，
Y					
压山儿	落山	3－10	63－18	等太阳压山儿的时候，	等太阳落山的时候，
牙签儿	剔牙杖	3－4	59－3	老爷，给您牙签儿。	老爷，给您剔牙杖。
烟卷儿	烟卷子	3－7	61－9	拿烟卷儿来。	拿烟卷子来。
言无二价	划一不二	3－19	71－6	都是言无二价不敢要谎的。	都是划一不二不敢要谎的。
漾	漫	3－16	68－21	水漾出来了。	水漫出来了。
邀	秤	3－19	71－5	分两可叫他们邀足了。	分两要叫他们秤足了。
要准儿那	定准要那样子	1	8－8	您想和他要准儿那算是白用心了。	您想和他定准要那样子那算是白用心了
掖	放	3－6	60－13	您就掖在毡子底下就得了。	您就放在毡子底下就是了。
掖	盖	3－10	63－22	四周围都掖严了。	周围都盖严了。
也许	作兴	3－3	58－5	也许有这个事。	作兴有这个事。
一包	一总	2－9	19－21	连家具一包在内。	连家具一总在内。
一点儿	一点子	1	8－9	咳嗽才轻省一点儿。	咳嗽才轻松一点子。
银盘儿	银价	3－12	65－6	今儿个银盘儿长了。	今天银价长了。

北（原文）	南（笔记）	卷数章节数	页数列数	例句（原文）	例句（笔记）
银票	票子	2－6	17－8	我就知道拿银票来，	我只晓得拿票子来，
油泥	腻垢	3－16	69－3	油泥多罢。	腻垢多罢。
原先	从前	2－9	19－17	原先是谁的铺子。	从前是那个的店。
园子	园	2－8	18－16	一处果木园子，一处菜园子，	一处果木园，一处菜园，
约摸	估猜	2－8	19－2	您约摸您大概还得几年。	您估猜您大概还要几年。
匀溜的	匀匀的	3－7	60－18	要不稀不稠匀溜的才好。	要不稀不稠匀匀的才好。
云山雾照	云里雾里	1	8－8	说话竟是云山雾照。	说话竟是云里雾里的。
Z					
腌	弄腌	3－14	66－22	别拿墩布腌了墙。	不要拿墩布弄腌了墙。
在	重在	1	8－16	是在情谊，不在东西。	是重在情谊，不重在东西。
咱们	我们	2－2	15－12	可以到店里去咱们谈一谈。	可以到敝寓去我们谈谈。
澡房	洗澡房	3－16	69－2	把澡房的地板都刷干净了。	把洗澡房的地板都抹干净了。
怎么	怎样	1	12－13	应当怎么办。	应当怎样办。
怎么个	怎样个	3－20	72－7	你想每月是怎么个扣法呢。	你想每月是怎样个扣法呢。
怎么个	怎样的	2－9	20－1	您可以作项怎么个利息。	您可以作个怎样的利息。
怎么个	有什么	2－2	14－19	是怎么个缘故呢。	有甚么缘故呢。
怎么个理	甚么道理	3－15	67－11	这是怎么个理呢。	这是甚么道理呢。
怎么样	可作得	3－17	69－19	您想怎么样。	您想可作得。
怎么着	怎样	3－8	61－21	那么怎么着好呢。	那么怎样好呢。
喳	是	2－14	24－17	刘才。喳。	刘才。是。
摘	除	3－17	69－16	那软帘子摘下来卷上不好么。	那软帘子除下来卷起来不好么。
湛新	簇湛新	3－4	58－22	这湛新的台布，	这簇湛新的台布，

续　表

北（原文）	南（笔记）	卷数章节数	頁数列数	例句（原文）	例句（笔记）
掌柜的	伙计	2 - 7	17 - 20	掌柜的你进来罢。	伙计你进来罢。
掌柜的	老板	2 - 14	24 - 21	您就是许掌柜的。	您就是许老板么。
掌柜的	先生	2 - 9	19 - 11	大恒布铺的徐掌柜的来了。	大恒布店的徐先生来了。
帐儿	帐子	3 - 6	60 - 5	而且还有傍帐儿。	而且还有傍帐子。
帐房	帐棚	3 - 8	62 - 2	可以在院子里撘起一个帐房来当茅厕。	可以在院子里搭起一个帐棚来当茅厕。
招	加	3 - 4	59 - 2	还招点儿醋不招了。	还加点醋不加了。
招	惹	3 - 15	67 - 18	招了好些个苍蝇。	惹了这些苍蝇。
招	碰	1	12 - 22	他要招着我，	他要碰着我，
照	看	2 - 8	19 - 6	您还得先照回地去了。	您还要先看回地去了。
照旧的	照样	3 - 10	64 - 1	来把那绳子还照旧的绕起来。	来把那绳子还照样绕起来。
照旧的	照原样	3 - 10	63 - 21	再照旧的搁在箱子里。	再照原样搁在箱子里。
照看	照应	3 - 8	62 - 8	小的又照看着东西，	小的又照应着东西，
照样儿	照样子	3 - 13	66 - 12	叫他明天照样儿配一个来。	叫他明天照样子配一个来。
折	断	2 - 14	25 - 16	这个钟是鍊子折了。	这个钟是鍊子断了。
这程子	这日子	2 - 10	20 - 13	怎么这程子我总没见你呀。	怎么这日子我总没见你呀。
这儿	这里	1	8 - 12	你在这儿可以随便。	你在这里可以随便。
这么	这么样	1	12 - 22	和我这么顽儿。	和我这么样顽儿。
这么	这样	1	11 - 13	这么由着他的性儿闹。	这样由着他的性子闹。
这么办	这个样	3 - 13	66 - 6	这么办罢。	这个样罢。
这么件事	这件事	2 - 6	17 - 3	是有这么件事么。	是有这件事么。
这么些个	这些	3 - 18	70 - 3	怎么你这手上这么些个呢。	怎么你这手上有这些呢。
这么着	这个样	2 - 2	15 - 2	既是这么着。	既是这个样。
这么着	这么样	1	8 - 22	我也看是这么着。	我也看是这么样。

北（原文）	南（笔记）	卷数章节数	页数列数	例句（原文）	例句（笔记）
这些个	这些	1	10-1	所有咱们逛过的这些个名胜地方，	所有我们顽过的这些名胜地方，
这阵儿	这会	3-7	60-19	这阵儿好点儿子么。	这会好点子么。
着	些	3-14	67-2	就让客人先将就着住罢。	就让客人先将就些住罢。
挣	得	2-12	23-11	那么那经纪挣的都是甚么钱呢。	那么那经纪得的都是甚么钱呢。
整天家	整天的	1	11-12	整天家游手好闲。	整天的游手好闲。
揩	搭	3-8	62-2	可以在院子里揩起一个账房来当茅厕。	可以在院子里搭起一个帐棚来当茅厕。
揩上	挂上	3-9	62-21	再把帐子还照旧的揩上。	再把帐子还照旧挂上。
直	竟	3-4	58-17	我直想不出还短甚么东西来。	我竟想不出还少甚么东西来。
职名	名片	3-18	70-12	务必把职名给留下，	务必把名片留下，
置	办	2-2	15-3	起广东置来的货。	从广东办来的货。
中用	能用	1	11-9	这一块地不中用了。	这一块地不能用了。
周转的	拉拢	2-9	19-22	不觳周转的，	不觳拉拢，
着点儿凉	受了凉	1	8-4	我这回是着点儿凉。	我这回是受了凉。
自各儿	自己	3-2	57-9	我自各儿沏上罢。	我自己泡罢。
走动	走走	1	10-15	我起来出去走动，	我起来出去走走，
走路	行路	3-8	61-22	我们这儿的娘儿们走路的时候，	我们这里的女人家行路的时候，
租子	租	2-8	18-14	出口收租子去了。	出口收租去的。
昨儿	昨天	1	10-9	昨儿前半夜月亮很好，	昨天前半夜月亮很好，
昨儿个	昨天	3-2	57-10	可是你昨儿个迷迷糊糊的搁了有多少茶叶。	可是你昨天糊里糊涂的搁了有多少茶叶。
左皮气	皮气	2-11	22-6	无奈令弟的那个左皮气，	无奈令弟的那个皮气，

续　表

北 （原文）	南 （笔记）	卷数 章节数	页数 列数	例句（原文）	例句（笔记）
坐坐	顽顽	1	8-18	请他来坐坐。	请他来顽顽。
做	弄	3-4	58-14	昨儿晌午他做的那鸡汤不好吃。	昨天晌午他弄的那鸡汤不好吃。
做汤	煨汤	3-4	58-14	明儿再做汤的时候，	明天煨汤的时候，
做汤	煮汤	3-4	58-19	这是芋头和鸡肉做的汤。	这是芋头和鸡肉煮的汤。

附录二：兴亚会《新校语言自迩集散语之部》笔记南北官话词汇对比

北 （原文）	南 （笔记）	页数 列数	北（原文）	南（笔记）
B				
鼻子眼儿	鼻子洞	18－1		
鬓角儿	鬓角	18－3	鬓角儿是脑门子两边儿的头发。	鬓角是脑门两边的头发。
不得力	没有力	17－7	腰腿都不得力。	腰腿都没有力。
不止于	不止	28－8	这光润不止于说纱。	这光润不止说纱。
步行儿走着	步行来的	4－4	他是步行儿走着。	他是步行来的。
D				
道儿	路	4－3	他在道儿上躺着，	他在路上躺着，
得	弄好	14－9	你快弄饭去，得了就端了来。	你快弄饭去，弄好了就端了来。
得	要	25－8	我得帮帮他们去。	我要帮帮他们去。
底根儿	底子	24－10	我们底根儿有那些钱，	我们底子有那些钱，
点儿	一点	27－8	待人有点儿傲慢。	待人有一点傲慢。
�揲	摺	26－10	晒干了就�揲起来罢。	晒干了就摺起来罢。
多咱	甚么时候	10－9	他多咱回来。	他甚么时候回来。
F				
反倒	反	40－7	没有盈余反倒剩下些个账目。	没有盈余反剩下好多的账目。
G				
盖儿	盖子	7－7	锅盖是饭锅的盖儿。	锅盖是饭锅的盖子。

续 表

北（原文）	南（笔记）	页数列数	北（原文）	南（笔记）
骨头节儿	骨节	18－7	脚上头的骨头节儿就叫踝子骨。	脚上头的骨节就是踝子骨。
官人	官员	19－2		
管	枝	6－3	你给我买十管笔。	你给我买十枝笔。
H				
好些个	好多	1－7	有好些个人。	有好多人。
好些个	好几个	2－6	他们来了好些个人。	来了好几个人。
好些年	好多年	9－9	我们俩到这个好些年了。	我们到这里好多年了。
合算	统算	40－5	我合算起来有一万两银子的账。	我统算起来有一万两银子的账。
黑下	天黑	9－8	他爱白日出去骑马黑下回家看书。	他爱白日出去骑马天黑回家看书。
黑下	晚上	9－8	昨儿黑下下雨。	昨天晚上下雨。
后儿	后天	25－8	后儿他们老翁下葬。	后天他们的老翁下葬。
后了悔	退悔了	39－8	如今姓李的后了悔。	如今姓李的退悔了。
后头	后面	16－8	他的跟班在后头追赶我。	他的跟班在后面追赶我。
J				
鸡子儿	鸡蛋	14－7	三四个鸡子儿，	三四个鸡蛋，
脊背儿	脊背子	18－2		
脊梁背儿	脊梁背子	18－5	中间儿叫脊梁背儿。	中间叫做脊梁背子。
家主儿	家主人	19－3	家主儿是底下人的主任。	家主人是底下人的主任。
假的	看样	19－6	充数儿是假的。	充数是看样。
叫	叫做	30－10	就叫野地。	就叫做野地。
斤	斤数	14－8	果子也不论斤都是论个儿的。	果子也不论斤数都是论个的。
今儿	今天	9－5	我今儿走。	我今天走。
近年	这些年	20－6	近年天下大乱，	这些年天下大乱，

续　表

北（原文）	南（笔记）	页数列数	北（原文）	南（笔记）
揪	撎	23 - 10	有人揪着他的辫子要拉了他去。	有人撎着他的辫子要拉了他去。
旧	褪	28 - 5	颜色儿旧了。	颜色褪了。
炕	床	7 - 3	他在炕上铺蓆子。	他在床上铺蓆子。
K				
可	可以	16 - 3	甚么都可装得。	甚么东西都可以装得。
快	就要	20 - 7	贼快来了,	贼就要来了,
快	早早	4 - 5	他快回来了。	他早早来了。
困	倦	23 - 7	身子困极了。	身子倦极了。
困苦	辛苦	15 - 8	我们那些人都困苦的了不得。	我们那些人都辛苦的了不得。
L				
来着	删除	15 - 3	你去年进京在那儿住着来着。	你去年进京在那里住着。
里	里头	39 - 9	在那些人里分其善恶。	在那些人里头分其善恶。
俩	两个	23 - 8	你看那俩小人儿,	你看那两个小孩子,
俩	删除	9 - 10	我们俩到这个好些年俩。	我们到这里好多年俩。
俩人	两个人	26 - 4	他们俩人对赛着写字。	他们两个人对赛着写字。
俩兄弟	两兄弟	26 - 5	他们俩兄弟利害得很。	他们两兄弟利害得很。
M				
慢待	待慢	27 - 10	他慢待我。	他待慢我。
没	没有	27 - 5	平素没见过的人。	平素没有见过的人。
民人	人家	30 - 10	民人凑到一块儿住的地方儿北边叫做屯。	人家在一块儿住的地方北边叫做屯。
明儿	明天	10 - 9	明儿可以回来。	明天可以回来。
命定	注定	39 - 6	命定了的祸福。	注定了的祸福。
N				
那儿	那里	2 - 5	他是那儿的人。	他是那里的人。
那儿	那里	3 - 6	往那儿去了。	往那里去了。

北（原文）	南（笔记）	页数列数	北（原文）	南（笔记）
那儿	那边	3－8	那儿铺子里买东西的人很多。	那边铺子里买东西的人很多。
那儿	甚么地方	3－7	开在那儿。	开在什么地方。
那儿	怎么	5－7	那儿没有呢。	怎么没有吓。
那些	那般	4－7	他们那些人我都不爱。	他们那般人我都不爱。
脑袋	头	18－9	斩下来的脑袋就叫首级。	斩下来的头就叫做首级。
脑门子	脑门	18－3	鬓角儿是脑门子两边儿的头发。	鬓角是脑门两边的头发。
呢	吓	5－7	那儿没有呢。	怎么没有吓。
P				
旁人的	别人家	25－4	旁人的父亲，	别人家的父亲，
盆儿	盆子	35－3	那瓦盆儿是盆儿匠捏做的。	那瓦盆子是盆子匠捏做的。
皮子	皮	16－3	箱子有皮子做的，	箱子有皮做的，
Q				
情愿意	情愿	39－8	他例还情愿意吃亏。	他倒还情愿吃亏。
晴了天	天晴了	9－8	今儿晴了天。	今天天晴了。
全	都	19－10	把贼全杀退了。	把那贼都杀退了。
全是	通通	19－9	带兵的大官全是谋算不好，	那带兵的大官通通没有谋算，
R				
如若	譬如	40－10	如若在面前直着的为竖。	譬如在面前直着的为竖。
S				
嗓子眼儿	嗓子洞	18－1		
上月	前个月头	6－9	上月我们在一块儿看书。	前个月头我同他在一块儿看书。
甚么	东西	17－10	拽是说人搭住甚么用力拉。	拽是说人拿着东西用力拉。

续　表

北 （原文）	南 （笔记）	页数 列数	北（原文）	南（笔记）
似的	的样子	40－4	实在像马棚似的住着很不顺眼。	实在像马棚的样子住着很不好看。
是	叫做	28－4	双张儿纸糊在一块儿是裱。	双张的纸糊在一块儿叫做裱。
是个晴天	天气很好	9－8	今儿是个晴天。	今天天气很好。
手工人	做手工的人	28－4	各行的手工人，	做手工的人，
谁	什么人	7－6	桌子上的那蜡灯谁拿了去了。	桌子上的那蜡灯什么人拿了去了。
顺眼	好看	40－4	实在像马棚似的住着很不顺眼。	实在像马棚的样子住着很不好看。
俗说叫	也有叫做	18－9	俗说叫长毛儿。	也有叫做长毛。
T				
天命所定	命里注定的	39－7	都是天命所定的。	都是命里注定的。
W				
忘	忘记	6－6	忘了好些个，	忘记了好多，
喂	养	16－5	道儿上到店里得喂牲口。	在路上走路要到了客店里头才可以养牲口。
谓之	叫做	26－9	树多谓之树林子。	树多叫做树林子。
我们	我同他	6－9	上月我们在一块儿看书。	前个月头我同他在一块儿看书。
X				
下巴颏儿	下巴颏子	18－4	嘴下头的骨头是下巴颏儿。	嘴下头的骨头就是下巴颏子。
下儿钟	点钟	9－5	你今八下儿钟还没起来。	你今天八点钟还没有起来。
下剩	剩下	40－6	下剩还有一二千两银子的盈余。	剩下还有一二千两银子的盈余。
下余	余下	40－5	下余还有四五十间。	余下还剩有四五十间。
向	对	25－5	向人称自己的弟兄说的是家兄舍弟。	对人称自己的弟兄说的是家兄舍弟。

续　表

北 （原文）	南 （笔记）	页数 列数	北（原文）	南（笔记）
像似	好像	40－1		
小轿子儿	小轿子	4－6	是坐着一顶小轿子儿，	是坐着一顶小轿子，
小人儿	小孩子	23－8	你看那俩小人儿，	你看那两个小孩子，
些儿	一点	22－7	同人催他快着些儿，	人家催他快一点，
些个	许多	1－7	有些个人。	有许多人。
行	可以	28－2	染红的染蓝的都行。	染红的染蓝的都可以。
性儿	性情	39－1		
性儿	性子	39－3	也不是不好性儿。	不是不好性子。
Y				
言语	话头	23－3	他的言语你懂得不懂得。	他的话头你懂得不懂得。
眼	口	30－1	一眼井	一口井
要事	要紧的事	22－7	那个人有一件要事，	那个人有一件要紧的事，
原旧	本来	28－6	原旧的颜色儿是红的。	本来的颜色是红的。
原来	本来	28－7	原来是好纱。	本来是好纱。
月月儿	月月里头	40－6	我月月儿进的钱总不彀。	我月月里头进的钱总不彀用。
Z				
咱们	我们	30－4	咱们这儿的小河儿很窄。	我们这里的小河很窄。
揸	拿	17－10	拽是说人揸住甚么用力拉。	拽是说人拿着东西用力拉。
贼中头儿	贼的头子	19－11	有一个姓黄名龙的是贼中头儿。	有一个姓黄名龙的是贼的头子。
长	生	17－4	那个人鼻子眼睛长得奇怪。	那个人的鼻子同眼睛生得奇怪。
长得丑	貌丑	23－8	一个长得丑，	一个貌丑，
长得俊	貌美	23－8	一个长得俊，	一个貌美，
这儿	这里	25－10	那绒可不是这儿出产的。	那绒可不是这里出产的。
这儿	这里	2－6	不是这儿的人。	不是这里的人。

续　表

北 （原文）	南 （笔记）	页数 列数	北（原文）	南（笔记）
指头	手指头	17 - 1		
准否	准不准	22 - 4	也不知道李大人准否。	也不知道李大人准不准。
走长路	出外	16 - 2	行李是走长路的人带的东西。	行李是出外的人带的东西。
昨儿	昨天	9 - 7	昨儿黑下刮风。	昨天晚上刮风。

主要参考文献

中文文献

包智明:《方言接触对变调语法的影响》,《语言学论丛》第 31 辑,北京:商务印书馆,2005 年。

鲍明炜:《六十年来南京方音向普通话靠拢情况的考察》,《中国语文》1980 年第 4 期。

鲍明炜:《南京方言历史演变初探》,《语言研究集刊》第 1 辑,南京:江苏教育出版社,1986 年。

曹广顺:《近代汉语助词》,北京:语文出版社,1995 年。

曹雯:《汉语会话在日本:明治早期的选择》,《江海学刊》2010 年第 4 期。

曹志耘:《地理语言学及其在中国的发展》,《中国方言学报》2006 年第 1 期。

曹志耘:《汉语方言的地理分布类型》,《语言教学与研究》2011 年第 5 期。

曹志耘:《汉语方言地图集(词汇卷)》,北京:商务印书馆,2008 年。

曹志耘:《老枝新芽:中国地理语言学研究展望》,《语言教学与研究》2002 年第 3 期。

陈保亚:《论语言接触与语言联盟》,北京:语文出版社,1996 年。

陈保亚:《从语言接触看历史比较语言学》,《北京大学学报(哲学社会科学版)》2006 年第 2 期。

陈辉:《19 世纪东西洋士人所记录的汉语官话》,《浙江大学学报(人文社会科学版)》2010 年第 6 期。

陈辉:《无相文雄汉语音韵学著述所见明清官话》,《浙江大学学报(人文社会科学版)》2014 年第 6 期。

陈明娥:《日本明治时期北京官话课本词汇研究》,厦门:厦门大学出版社,2014 年。

陈明娥:《从词汇角度看清末域外北京官话教材的语言特点》,《国际汉语学报》2015 年第 1 期。

陈伟:《童文献所记官话音系及其性质》,《语言研究》2018 年第 2 期。

陈亚川:《"地方普通话"的性质特征及其他》,《世界汉语教学》1991 年第 1 期。

陈源源:《明清苏沪方言研究述要》,《南阳师范学院学报(社会科学版)》2012 年第 1 期。

陈泽平:《试论琉球官话课本的音系特点》,《方言》2004 年第 1 期。

陈章太:《关于普通话与方言的几个问题》,《语文建设》1990 年第 4 期。

陈章太、李行健:《普通话基础方言基本词汇集》,北京:语文出版社,1996 年。

大西拓一郎:《语言地理学的研究目标是什么》,《语言教学与研究》2011 年第 5 期。

戴丽娟:《从徐家汇博物院到震旦博物院——法国耶稣会士在近代中国的自然史研究活动》,《"中研院"历史语言研究所集刊》第八十四本第二分,2013 年。

戴庆厦:《社会语言学概论》,北京:商务印书馆,2004 年。

邓兴锋:《〈南京官话〉所记南京音系音值研究——兼论方言史对汉语史研究的价值》,《南京社会科学》1994 年第 4 期。

董海樱:《16 世纪至 19 世纪初西人汉语研究》,北京:商务印书馆,2011 年。

董海樱:《近十年来中国的西方汉学(中国学)研究》,《世界历史》2011 年第 3 期。

董建交:《明代官话语音演变研究》,上海:复旦大学博士学位论文,2007 年。

范金民:《明代南京的历史地位和社会发展》,《南京社会科学》2012 年第 11 期。

方豪:《方豪六十自定稿(上)》,台北:台湾学生书局,1969年。

封传兵:《明代南京官话的语音系统及其历史地位》,《中南大学学报(社会科学版)》2014年第4期。

冯春田:《近代汉语语法研究》,济南:山东教育出版社,2000年。

高名凯,石安石:《语言学概论》,北京:中华书局,1997年。

葛剑雄等:《简明中国移民史》,福州:福建人民出版社,1993年。

耿振生:《明清音韵学通论》,北京:语文出版社,1992年。

耿振生:《近代官话语音研究》,北京:语文出版社,2007年。

耿振生:《再谈近代官话的"标准音"》,《古汉语研究》2007年第1期。

顾钦:《最新派上海市区方言语音的研究分析》,《东方语言学》2008年第2期。

关山:《德国汉学的历史与现状》,《国外社会科学》2005年第2期。

管永前:《从传教士汉学到"新汉学"——西班牙汉学发展与流变述略》,《国际汉学》2020年第3期。

郭锐:《现代汉语词类研究》,北京:商务印书馆,2002年。

郭锐:《概念空间和语义地图:语言变异和演变的限制和路径》,《对外汉语研究》第8期,北京:商务印书馆,2012年。

郭锐、翟赟、徐箐箐:《汉语普通话从哪里来?——从南北官话差异看普通话词汇、语法来源》,(日)《中国言语文化学(日本大东文化大学)》2017年第3期。

何群超、阮星、郑梦娟:《19世纪基督教新教传教士的汉语语法学研究——以马礼逊、马士曼为例》,《国际汉语教学动态与研究》2008年第3期。

贺阳:《现代汉语欧化语法现象研究》,《世界汉语教学》2008年第4期。

洪波:《论平行虚化》,《汉语史研究集刊》第2辑,成都:巴蜀书社,1999年。

侯精一:《百年前的广东人学"官话"手册《正音咀华》》,《文字改革》1962年第12期。

胡裕树:《现代汉语(重订本)》,上海:上海教育出版社,1995年。

黄伯荣主编:《汉语方言语法类编》,青岛:青岛出版社,1996年。

黄伯荣、廖序东:《现代汉语》,北京:高等教育出版社,2002 年。

黄典诚:《一百年前汉语官音初探》,中国语音学会第四届年会,1987 年
12 月。

黄灵燕:《传教士罗马字记音反映的官话音-k 尾》,《语言研究》2009 年
第 1 期。

黄薇:《〈正音撮要〉研究》,福州:福建师范大学博士学位论文,2014 年。

黄笑山:《利玛窦所记的明末官话声母系统》,《新疆大学学报(哲学社
会科学版)》1996 年第 3 期。

贾立言著,冯雪冰译:《汉文圣经译本小史》,上海:广学会,1934 年。

《江南第一堂——张朴桥天主堂》,《信德报(第 239 期)》2005 年第
6 期。

江莉、王澧华:《〈拾级大成〉:美国人在中国编印的第一本汉语教材》,
《语言研究集刊》第 7 辑,上海:上海辞书出版社,2010 年。

江苏省和上海市方言调查指导组编:《江苏省和上海市方言概况》,南
京:江苏人民出版社,1960 年。

蒋绍愚:《近代汉语研究概述》,《古汉语研究》1990 年第 2 期。

蒋绍愚:《近代汉语研究概况》,北京:北京大学出版社,1994 年。

蒋绍愚、曹广顺:《近代汉语语法史研究综述》,北京:商务印书馆,
2006 年。

蓝鹰:《文化接触、接触语言学与汉语方言研究》,《中华文化论坛》2013
年第 9 期。

黎锦熙:《新著国语文法》,上海:商务印书馆,1934 年。

黎新地:《近代汉语共同语语音的构成、演进与量化分析》,《语言研究》
1995 年第 2 期。

黎新地:《明清官话语音及其基础方音的定性与检测》,《语言科学》
2003 年第 1 期。

李葆嘉:《论明清官话的市民社会内涵》,《南京社会科学》1995 年第
6 期。

李崇兴:《〈元曲选〉宾白中的介词"和""与""替"》,《中国语文》1994 年
第 2 期。

李丹丹:《"官话"的性质》,《新疆社会科学》2011 年第 5 期。

李丹丹:《清琉球官话课本〈人中画〉语法研究》,北京:北京大学出版社,2013 年。

李丽:《马礼逊〈华英字典〉及其对中华文化的解读与呈现》,《国际汉语教学研究》2018 年第 1 期。

李荣:《官话方言的分区》,《方言》1985 年第 1 期。

李荣:《现代汉语方言大词典》,南京:江苏教育出版社,2002 年。

李如龙:《论方言和普通话之间的过渡语》,《福建师范大学学报(哲学社会科学版)》1998 年第 2 期。

李如龙、吴云霞:《官话方言后起的特征词》,《语文研究》2001 年第 4 期。

李如龙:《汉语方言学》,北京:高等教育出版社,2007 年。

李天纲:《徐家汇-土山湾:上海近代文化的渊源》,《基督宗教研究》第 14 辑,北京:宗教文化出版社,2011 年。

李炜、李丹丹:《两种"给"字系统与清代南北官话——兼谈鲁迅与赵树理作品中的"给"字使用差异》,第三届汉语方言语法国际研讨会,2006 年。

李无未、陈姗姗:《日本明治时期的北京官话"会话"课本》,《世界汉语教学》2006 年第 4 期。

李小华:《论汉语能性"得"字的后置》,《汉语学报》2007 年第 2 期。

李新魁:《论近代汉语共同语的标准云》,《语文研究》1980 年第 1 期。

梁楠:《〈官话音罗马字韵府〉研究》,太原:山西大学博士学位论文,2020 年。

林璋:《〈华语官话语法〉与 17 世纪的南京话》,《国际汉学》2004 年第 1 期。

刘春兰:《朝鲜时代汉语教科书研究综述》,《汉语学习》2011 年第 2 期。

刘存雨:《江苏江淮官话音韵演变研究》,苏州:苏州大学博士学位论文,2012 年。

刘丹青:《苏州方言的发问词与"可 VP"句式》,《中国语文》1991 年第 1 期。

刘丹青:《汉语给予类双及物结构的类型学考察》,《中国语文》2001 年第 5 期。

刘丹青：《语序类型学与介词理论》，北京：商务印书馆，2003 年。

刘丹青：《语言类型学与汉语研究》，《世界汉语教学》2003 年第 4 期。

刘丹青：《汉语否定词形态句法类型的方言比较》，（日）《中国语学》2005 年第 252 号。

刘丹青：《语法化理论与汉语方言语法研究》，《方言》2009 年第 2 期。

刘坚、江蓝生：《近代汉语虚词研究》，北京：语文出版社，1992 年。

刘津瑜：《晁德莅、马氏兄弟和拉丁文》，《文汇报》2015 年第 2 期。

刘立壹、刘振前：《〈圣经〉"南京官话译本"考论》，《宗教学研究》2017 年第 2 期。

刘曼：《试论晚清民国时期常用词更替中的南北官话融合》，《语言研究集刊》第 31 辑，上海：上海辞书出版社，2023 年。

刘晓梅、李如龙：《官话方言特征词研究——以〈现代汉语词典〉所收方言词为例》，《语文研究》2003 年第 1 期。

刘晓梅、李如龙：《东南方言语法对普通话的影响四种》，《语言研究》2004 年第 4 期。

刘新中：《方言研究的方法》，《学术交流》2005 年第 6 期。

刘永耕：《动词"给"语法化过程的义素传承及相关问题》，《中国语文》2005 年第 2 期。

刘钊：《意大利传教士晁德莅文化贡献浅析》，《兰台世界》2013 年第 18 期。

六角恒广著，王顺洪译：《日本中国语教学书志》，北京：北京语言文化大学出版社，2000 年。

六角恒广著，王顺洪译：《日本近代汉语名师传》，北京：北京大学出版社，2002 年。

卢海鸣：《六朝时期南京方言的演变》，《南京社会科学》1991 年第 2 期。

鲁国尧：《明代官话及其基础方言问题——读〈利玛窦中国札记〉》，《南京大学学报》1985 年第 4 期。

鲁国尧：《研究明末清初官话基础方言的廿三年历程——"从字缝里看"到"从字面上看"》，《语言科学》2007 年第 2 期。

陆俭明:《现代汉语语法研究教程》,北京:北京大学出版社,2003 年。

吕叔湘、朱德熙:《语法修辞讲话》,北京:中国青年出版社,1952 年。

吕叔湘:《中国文法要略》,北京:商务印书馆,1982 年。

吕叔湘:《汉语语法论文集(增订本)》,北京:商务印书馆,1984 年。

吕叔湘主编:《现代汉语八百词(增订本)》,北京:商务印书馆,1999 年。

吕文蓓:《吴语、南京话和普通话的接触研究》,苏州:苏州大学博士学位论文,2010 年。

栾慧:《马礼逊〈通用汉言之法〉口语教学语法体系与对外汉语教学》,《华西语文学刊》2016 年第 1 期。

罗常培:《罗常培语言学论文集》,北京:商务印书馆,2004 年。

罗常培:《罗常培文集》,山东:山东教育出版社,2008 年。

罗杰瑞、梅祖麟:《关于官话方言早期发展的一些想法》,《方言》2004 年第 4 期。

马贝加、陈依娜:《瓯语介词"代"的功能及其来源》,《汉语学报》2006 年第 3 期。

马贝加:《近代汉语介词》,北京:中华书局,2002 年。

马礼逊夫人编,顾长声译:《马礼逊回忆录》,桂林:广西师范大学出版社,2004 年。

麦耘:《论近代汉语-m 韵尾消变的实现》,《古汉语研究》1991 年第 4 期。

麦耘、朱晓农:《南京方言不是明代官话的基础》,《语言科学》2012 年第 7 期。

内田庆市:《近代西洋人的汉语研究的定位和可能性——以"官话"研究为中心》,(日)《关西大学中国文学纪要》2007 年第 3 期。

内田庆市:《〈语言自迩集〉源流及其在日本的传播》,《跨越空间的文化:16—19 世纪中西方文化的相遇与调适》,上海:东方出版中心,2010 年。

内田庆市:《近代西洋人学的汉语——他们的汉语语体观》,(日)《东亚文化交涉研究》2010 年第 3 期。

内田庆市:《开创域外汉语研究的新局面》,(日)《东亚文化交涉研究》2012 年第 2 期。

内田庆市:《〈无师初学英文字〉——清末南北官音差异的一斑》,(日)《东亚文化交涉研究》2015 年第 3 期。

内田庆市:《域外汉语资料对于"南京官话"研究的可能性》,《国际汉语教育史研究》第 1 辑,北京:商务印书馆,2020 年。

潘秋萍、张敏:《语义地图模型与汉语多功能语法形式研究》,《当代语言学》2017 年第 4 期。

潘悟云:《汉语方言的历史层次及其类型》,《乐在其中:王士元教授七十华诞庆祝文集》,天津:南开大学出版社,2004 年。

彭静:《论〈正音咀华〉的声母系统》,《中国学论丛》2011 年第 33 期。

平山久雄:《江淮方言祖调值构拟和北方方言祖调值初案》,《语言研究》1984 年第 1 期。

千叶谦悟:《西文资料与官话研究——兼论官话观之差异以及南北官话的概念》,(日)《中国语学》2019 年第 266 期。

钱如玉:《情态副词研究综述》,《语文学刊(高教版)》2005 年第 1 期。

钱曾怡:《汉语方言研究的方法与实践》,北京:商务印书馆,2002 年。

钱曾怡:《方言研究中的几种辩证关系》,《文史哲》2004 年第 5 期。

桥本万太郎:《汉语被动式的历史·区域发展》,《中国语文》1987 年第 1 期。

饶春:《"给予"义动词语义地图研究》,《现代语文(语言研究版)》2016 年第 5 期。

沈家煊:《"语法化"研究综观》,《外语教学与研究》1994 年第 4 期。

沈家煊:《现代汉语"动补结构"的类型学考察》,《世界汉语教学》2003 年第 3 期。

石村广:《论〈语言地理类型学〉的语法观》,(日)《庆应义塾中国文学会报》2017 年第 1 期。

石毓智、王统尚:《方言中处置式和被动式拥有共同标记的原因》,《汉语学报》2009 年第 2 期。

司佳:《晁德莅与清代〈圣谕广训〉的拉丁文译本》,《复旦学报(社会科学版)》2016 年第 2 期。

宋桔:《〈语言自迩集〉的文献和语法研究》,上海:复旦大学博士学位论文,2011年。

宋桔:《〈语言自迩集〉诸版本及其双语同时语料价值》,《语言教学与研究》2013年第1期。

宋玉柱:《语法论稿》,北京:北京语言学院出版社,1995年。

孙华先:《赵元任〈南京音系〉研读》,《语文研究》2008年第1期。

孙华先:《〈南京字汇〉中的〈官话类编〉词汇》,北京:世界图书出版公司,2013年。

孙文龙、魏向清:《汉语国际教育中汉字教学的语境充实——基于〈华英字典〉设计特征研究的思考》,《西安外国语大学学报》2021年第3期。

孙锡信:《汉语历史语法要略》,上海:复旦大学出版社,1992年。

孙宜志:《语言地理学的理论及其在汉语中的实践》,《龙岩学院学报》2012年第6期。

太田辰夫著,蒋绍愚、徐昌华译:《中国与历史文法》,北京:北京大学出版社,2003年。

瓦罗著,姚小平、马又清译:《华语官话语法》,北京:外语教学与研究出版社,2003年。

汪维辉:《论词的时代性和地域性》,《语言研究》2006年第2期。

汪维辉:《〈红楼梦〉前80回和后40回的词汇差别》,《古汉语研究》2010年第3期。

汪维辉,邵珠君:《〈老乞大〉〈朴通事〉对汉语教科书编写的启示》,《汉语教学学刊》2022年第1期。

汪莹:《明清以来的南京方言文献研究》,《哈尔滨师范大学社会科学学报》2018年第2期。

王欢:日本近代北京官话教本对〈语言自迩集〉继承与发展研究》,长春:东北师范大学博士学位论文,2011年。

王理嘉:《从官话到国语和普通话——现代汉民族共同语的形成及发展》,《语文建设》1999年第6期。

王澧华:《日编汉语读本〈官话指南〉的取材与编排》,《上海师范大学学报(哲学社会科学版)》2006年第3期。

王力:《汉语史稿(修订本)》,北京:中华书局,1980年。

王力:《汉语语法史》,北京:商务印书馆,1989年。

王琳:《琉球官话课本的能性范畴——兼论南北能性范畴的表达差异》,《汉语学报》2014年第4期。

王树槐:《基督教教育会及其出版事业(第三版)》,台北:宇宙光出版社,1985年。

王顺洪:《日本汉语教育的历史与现状》,《语言教学与研究》1989年第4期。

王顺洪:《六角恒广的日本近代汉语教育史研究》,《汉语学习》1999年第4期。

吴波:《江淮官话语音研究》,上海:复旦大学博士学位论文,2007年。

吴福祥:《汉语能性述补结构"V得/不C"的语法化》,《中国语文》2002年第1期。

吴福祥:《能性述补结构琐议》,《语言教学与研究》2002年第5期。

吴福祥:《南方方言能性述补结构"V得/不C"带宾语的语序类型》,《方言》2003年第3期。

吴福祥:《关于语法化的单向性问题》,《当代语言学》2003年第4期。

吴福祥:《汉语语法化研究》,北京:商务印书馆,2005年。

吴福祥:《关于接触引发的演变》,《民族语文》2007年第2期。

吴福祥:《南方语言正反问句的来源》,《民族语文》2008年第1期。

吴福祥:《从"得"义动词到补语标记——东南亚语言的一种语法化区域》,《中国语文》2009年第3期。

吴福祥:《南方民族语言关系小句结构式语序的演变和变异——基于接触语言学和语言类型学的分析》,《语言研究》2009年第7期。

吴福祥:《多功能语素与语义图模型》,《语言研究》2011年第1期。

吴福祥:《语言接触与语义复制——关于接触引发的语义演变》,《苏州大学学报(哲学社会科学版)》2014年第1期。

吴孟雪:《论西欧汉学起源史上的重要一页》,《江西社会科学》1999年第9期。

武春野:《"官话"译经与文体革命》,《社会科学》2012年第11期。

向熹:《简明汉语史》,北京:高等教育出版社,1993年。

肖久根、谢璐：《牵引共同语和方言，促使汉语音韵通俗化》，《第五届教育与创新国际会议论文集》，2021 年。

邢福义：《汉语语法结构的兼容性和趋简性》，《世界汉语教学》1997 年第 3 期。

徐朝东、陈琦：《〈南京官话〉音系初探》，《合肥师范学院学报》2018 年第 5 期。

徐时仪：《明清传教士与辞书编纂》，《辞书研究》2016 年第 1 期。

徐英：《汉语方言"把"字句被动标记词的地理分布特点研究》，《西藏大学学报（社会科学版）》2016 年第 4 期。

杨福绵：《罗明坚、利玛窦〈葡汉辞典〉所记录的明代官话》，《中国语言学报》1995 年第 5 期。

杨平：《助动词"得"的产生和发展》，《语言学论丛》第 23 辑，北京：商务印书馆，2001 年。

杨阳：《现代汉语助动词研究回顾与探析》，《临沂大学学报》2011 年第 5 期。

姚小平：《第一部汉语语法书——〈华语官话语法〉》，《国外汉语教学动态》2003 年第 4 期。

叶宝奎：《谈清代汉语标准音》，《厦门大学学报（哲学社会科学版）》1998 年第 3 期。

叶宝奎：《明清官话音系》，厦门：厦门大学出版社，2001 年。

游汝杰：《汉语方言学导论》，上海：上海教育出版社，1992 年。

遇笑容：《也谈〈儒林外史〉语言中的"异质"》，《中国语文》2003 年第 1 期。

远藤光晓：《〈翻译老乞大·朴通事〉里的汉语声调》，《语言学论丛》第 13 辑，北京：商务印书馆，1984 年。

岳辉：《朝鲜时期汉语官话教科书体例和内容的嬗变研究》，《社会科学》2011 年第 10 期。

岳俊发：《"得"字句的产生和演变》，《语言研究》1984 年第 2 期。

曾晓渝：《明代南直隶辖区官话方言考察分析》，《古汉语研究》2013 年第 4 期。

曾晓渝：《明代南京官话移民语言的历史演变差异解释》，《语文研究》2015 年第 3 期。

曾晓渝：《明代南京官话性质考释》，《语言科学》2016 年第 2 期。

曾晓渝：《明代南京官话军屯移民语言接触演变研究》，北京：商务印书馆，2021 年。

翟赟：《从起点介词看南北官话的对立》，《语言历史论丛》第 7 辑，成都：巴蜀书社，2014 年。

翟赟：《从南北官话的历史层次看副词"满"》，《四川师范大学学报（社会科学版）》2016 年第 5 期。

翟赟：《晚晴民国时期南北官话语法差异研究》，北京：北京大学出版社，2018 年。

张伯江：《现代汉语的双及物结构式》，《中国语文》1999 年第 3 期。

张德鑫：《威妥马〈语言自迩集〉与对外汉语教学》，《中国语文》2001 年第 5 期。

张福通、赵成杰：《域外汉语教科书研究的再审视》，《汉语史与汉藏语研究》2020 年第 1 期。

张光宇、尚晶：《南音"蓝青官话"读音叫字之研究》，《西华大学学报（哲学社会科学版）》2012 年第 4 期。

张辉、李无未：《14 世纪末至 20 世纪初东亚国际通语——汉语之应用》，《延边大学学报（社会科学版）》2014 年第 2 期。

张家铭：《来华传教士罗马字注音资料所反映的南京官话研究》，大连：辽宁师范大学博士学位论文，2013 年。

张建强：《"地方普通话"研究刍议》，《广西社会科学》2005 年第 7 期。

张龙平：《中国教育会与清末官话罗马字改革》，《贵州社会科学》2007 年第 5 期。

张美兰：《掌握汉语的金钥匙——论明清时期国外汉语教材的特点》，《国际汉学》2005 年第 1 期。

张美兰：《明清域外官话文献语言研究》，长春：东北师范大学出版社，2011 年。

张美兰：《常用词的历时演变在共时层面的不平衡对应分布——以〈官

话指南〉及其沪语粤语改写本为例》,《清华大学学报(哲学社会科学版)》2016 年第 6 期。

张美兰:《〈官话指南〉汇校与语言研究》,上海:上海教育出版社,2017 年。

张美兰:《反复问句结构的历时演变与南北类型关联制约——以〈官话指南〉及其沪语粤语改写本为例》,《语言研究》2018 年第 3 期。

张敏:《"语义地图模型":原理、操作及在汉语多功能语法形式研究中的运用》,《语言学论丛》第 42 辑,北京:商务印书馆,2010 年。

张敏:《江淮官话中的句法变化:地理分布如何解释扩散的历史》,《境外汉语历史语法研究文选》,上海:上海教育出版社,2013 年。

张全真:《〈白姓官话〉所记录的南京方言及山东方言现象发微》,《长江学术》2009 年第 2 期。

张升余:《从日文唐音看明清时期的南京官话与江南方言音》,《外语教学(西安外国语学院学报)》1997 年第 4 期。

张卫东:《论〈西儒耳目资〉的记音性质》,《纪念王力先生九十诞辰文集》,济南:山东教育出版社,1991 年。

张卫东:《试论近代南方官话的形成及其地位》,《深圳大学学报(人文社会科学版)》1998 年第 8 期。

张卫东:《近代汉语语音史研究的现状与展望》,《语言科学》2003 年第 3 期。

张兴权:《接触语言学》,北京:商务印书馆,2012 年。

张玉来:《近代汉语共同语的构成特点及其发展》,《古汉语研究》2000 年第 2 期。

张彧彧:《接触语言学视角下的元代白话》,《社会科学战线》2013 年第 5 期。

张志公:《汉语语法常识》,北京:中国青年出版社,1953 年。

张竹梅:《试论明代前期南京话的语言地位》,《近代官话语音研究》,北京:语文出版社,2007 年。

赵葵欣:《〈官话指南〉助动词系统研究》,(日)《福冈大学人文论丛》第 49 卷第 1 号,2017 年。

赵庆源:《中国天主教教区划分及其首长接替年表》,台南:闻道出版社,1980 年。

赵晓阳:《汉语官话方言〈圣经〉译本考述》,《世界宗教研究》2013 年第 6 期。

赵元任:《南京音系》,《科学》第 13 卷第 8 期,1929 年。

赵元任著,吕叔湘编译:《汉语口语语法》,北京:商务印书馆,1979 年。

赵元任:《赵元任语言学论文选》,北京:中国社会科学出版社,1985 年。

郑伟:《汉语方言语音史研究的若干理论与方法——以吴语为例》,《语言科学》2015 年第 1 期。

朱德熙:《朱德熙文集》,北京:商务印书馆,1999 年。

朱德熙:《语法讲义》,北京:商务印书馆,2002 年。

卓新平:《相遇与对话》,北京:宗教文化出版社,2003 年。

外文文献

D. Mac Gillivray, *A Century of Protestant Missions in China* (1807—1907), *Being the Centenary Conference Historical Volume*, Shanghai: Ameircan Presbyterian Mission Press, 1907.

Hurbert W. Spillett, *A Catalogue of Scriptures in the Languages of China and Republic of China*, Hong Kong: British and Foreign Bible Society, 1975.

Jost Olicer Zetzsche, *The Bible in China: The History of the Union Version, or the Culmination of Protestant Missionary Bible Translation in China*, Sankt Augustin: Monumenta Serica Institute, 1999.

Samuel Couling, *The Encyclopaedia Sinica*, Shanghai: Kelly and Walsh, Ltd, 1917.

William, Croft, *Radical Construction Grammar: Syntactic Theory in Typological Perspective*, Oxford: Oxford University Press, 2001.

W. South Coblin, *Contact, Drift, and Convergence in Nanking Guanhua*,《汉语研究集刊》1999 年第 2 期。

瀨戶口律子:『琉球官話課本の研究』,沖縄:榕樹書林,2011 年。

沈國威、奥村佳代子編:『文化交渉と言語接触 内田慶市教授退職記念論文集』,東京:東方書店,2021 年。

氷野善寛:『華語拼字妙法』の学習体系と習得語彙,『関西大学東西学術研究所紀要』,2015 年第 48 輯。

内田慶市:《華語拼字妙法》の音系.「南京官音」の一資料,『中国語研究集刊』,1991 年第 3 号。

内田慶市:『官話』研究における『漢訳聖書』の位置づけ,『関西大学.文学論集』,1992 年第 41 巻第 3 号。

内田慶市:世界図書館巡礼——東西文化交渉の書籍を求めて(4)—バチカン図書館・リヨン市立公共図書館,『関西大学図書館フォーラム』,2018 年巻 23。

蒲豊彦:庶民のための書き言葉を求めて——清末から民国へ,『20 世紀中国の社会システム:京都大学人文科学研究所附属現代中国研究センター研究報告』,2009 年第 1 編。

日下恒夫:清代南京官話方言の一斑——泊園文庫蔵《官話指南》の書き入れ,『関西大学中国文学会紀要』,1974 年通号 5。

石崎博志:『正音咀華』音韻体系の二重性,『中国語学』,1997 年 244 号。

石崎博志:正音資料の特質,『琉球アジア文化論集』,2014 年 20 号。

香坂順一:「普通話」語彙小史,『中国語学』,1963 年 127 号。

香坂順一:「普通話」語彙小史,(続),『中国語学』,1963 年 128 号。

图书在版编目（CIP）数据

基于近代域外资料的南京官话及其教学研究 / 葛松
著. -- 杭州：浙江大学出版社，2024. 11. -- ISBN
978-7-308-25645-2

Ⅰ. H172.4

中国国家版本馆 CIP 数据核字第 2024YF8653 号

基于近代域外资料的南京官话及其教学研究

葛　松　著

责任编辑	蔡　帆	
责任校对	徐凯凯	
封面设计	周　灵	
出版发行	浙江大学出版社	
	（杭州市天目山路 148 号　邮政编码 310007）	
	（网址：http://www.zjupress.com）	
排　　版	杭州朝曦图文设计有限公司	
印　　刷	杭州高腾印务有限公司	
开　　本	710mm×1000mm　1/16	
印　　张	13.5	
字　　数	200 千	
版 印 次	2024 年 11 月第 1 版　2024 年 11 月第 1 次印刷	
书　　号	978-7-308-25645-2	
定　　价	78.00 元